세상을 바꾼
7인의 자기혁신노트

세상을 바꾼
7인의 **자기혁신노트**

변화를 탐구하고,
변화에 대응하며,
변화를 기회로 이용한다!

송의달 지음

W미디어

이순신, 마오쩌둥, 정주영, 도널드 트럼프…. 어렸을 때부터 귀에 못이 박일 정도로 자주 들었거나 지금도 거의 매일 접하게 되는 사람들 이름입니다. 저 역시 똑같이 소년시절과 청년기, 사회생활 중 그들의 명성을 많이 들었고, 생애를 다룬 책들을 접했습니다. "대단한 분이다"는 기성旣成의 강고한 평가에 대한 반발심 때문인지 솔직히 크게 감동한 적이 많지는 않았습니다.

리카싱과 손정의 회장도 비슷합니다. 저는 2006년과 2017년에 홍콩과 도쿄에서 두 사람을 각각 단독 인터뷰하였습니다. 하지만 어렵게 성사되어 짧은 시간·공간에 빠르게 진행하다보니 지면 제약상 들어가기 힘든 두 사람의 애환哀歡 같은 기초적인 궁금증마저 파묻어 놓고 있었습니다.

'베트남의 전쟁 영웅英雄'으로 불리는 보구엔 지압은 2005년 봄 베트남 통일 30주년 취재차 현지에서 체험한 구찌땅굴Cu Chi Tunnels 을 계기로 알게 되었습니다. 이 땅굴은 월맹越盟 군이 미군을 공격하기 위해 호치민시당시에는 사이공 외곽에서 캄보디아 국경지대까지 200km쯤 거리에 지하 3~8m로 판 것인데, 보구엔 지압은 당시 월 맹군 총사령관이었습니다.

이 일곱 사람을 다시 꺼낸 건 쉰 살을 맞이한 무렵이었습니다. "'그렇게 훌륭하다'는 그들은 진짜 어떤 생각으로 살다가 생을 마감했을까?" 하는 의문이 언뜻언뜻 일었습니다. 그 이후 아산 현충사顯忠祠와 통영 한산도 등을 찾아 자취를 더듬어보기 시작했습니다. "나와는 다른 세상 사람"이라며 이들을 쳐다보는 것조차 부담스러워 했던 제 자신도 어느덧 나이가 훌쩍 들어서였겠지요.

마침 입사 이래 처음 제법 많은 시간을 갖게 되면서 이들이 쓴 책들과 인터뷰, 평전評傳을 찬찬히 읽어볼 수 있었습니다. 학창시절과 바쁜 직장생활 중에 급하게 읽다가 놓친, 일곱 사람이 품은 '마음의 중심中心'이 비로소 조금씩 보였습니다. 〈난중일기〉, 〈이 땅에 태어나서〉, 〈최선을 다한다 하지 말고 반드시 해내겠다 말하라Think like a Champion〉, 〈손정의, 미래를 말하다〉 같은 책들이 대표적입니다.

저자들이 털어놓은 여러 구절에서 희열과 감동을 느꼈고, 제 스스로 고개를 숙인 적이 여러 번이었습니다. 꿈 속에서라도 이 분들을 만날 수 없을까, 남은 삶의 시간 동안 감사하면서 일곱 사람이 품었던 마음의 몇 분의 일이라도 본받고 싶다는 생각도 들었습니다. 오십 줄에 들어 다시 음미했더니 이들의 가치관과 세계관, 삶의 방식이 이제야 가슴 속으로 들어온 것입니다.

일곱 사람은 기업가企業家, 장군將軍, 정치가政治家로 활동 영역이 다릅니다. 그리고 산 시대와 나라, 처한 환경도 각양각색입니다. 그래서 어떤 한 범주로 묶는 게 힘듭니다. 그런데 이들의 삶에 빠져들수록 공통분모가 선명하게 다가왔습니다. '혁신革新·innovation'이라는 한 단어였습니다.

〈표준국어대사전〉은 '혁신'에 대해 "묵은 풍속, 관습, 조직, 방법 따위를 완전히 바꾸어서 새롭게 함"이라고 정의하고 있습니다. 온라인 백과사전인 위키피디아Wikipedia에 의하면, "현대적 의미에서 혁신은 새로운 아이디어, 창조적 생각, 방법이나 도구 형태의 새로운 상상력Innovation in its modern meaning is a new idea, creative thoughts, new imaginations in form of device or method"이라고 합니다.

저는 이 책에 소개한 일곱 사람이 이런 정의定義에 맞는 '혁신가

Innovator'라고 보았습니다. 이들은 물론 스티브 잡스Steve Jobs처럼 아이폰·아이팟 같은 혁신적인 제품을 만들거나 놀랄 만한 발명 invention을 하지는 않았습니다. 제가 주목한 것은 일곱 사람의 내면 內面과 행동行動이었습니다. 이들은 한 명도 예외 없이 '격몽擊蒙·'몽매 함을 깨우친다'는 뜻으로 〈주역周易〉에 나옴의 정신'으로 불꽃같은 삶을 살았기 때문입니다.

이들은 자신의 '생각'과 '행동'이 동시대 사람들과 달라 손가락질 받을 것을 겁내거나 죽음의 공포 앞에 무릎 꿇으며 세상과 적당하 게 타협하지 않았습니다. 오히려 예전부터 내려오던 고정 관념과 인습因習의 틀을 깨고 새로운 발상과 새로운 접근을 했고, 끝까지 그런 자세를 견지하였습니다.

이들은 모두 고난과 고통·시련의 시간을 마주했습니다. 그때마 다 뜨거운 불덩어리 구멍을 통과하는 듯한 열정과 집중력으로 참 고, 견디며, 돌파하였습니다. 또 부귀영화를 얻으려고 억지를 부 리지 않았고, '돈의 노예'가 되기를 거부했고, 게으름을 멀리했고, 사심私心·물욕物慾의 유혹에도 잘 흔들리지 않았습니다.

자기 혼자만의 유익有益이 아니라 많은 사람의 유익을 구하겠다 는 '중심'이 있었기 때문일 겁니다. 위로만 향하지 않고 끝없이 아래로 흐르는 물처럼 겸허한 마음을 갖고 있어서일 겁니다. 이들은 구습舊習과 절연하고 세상적 가치·기준을 혁파革罷하는 혁신가의 길을 걸었고, 몇 사람은 지금도 그 길 위에 있습니다.

이 책은 그래서 한 중년 직장인이 일곱 명의 위인偉人들에 대한 뒤늦은 각성과 재발견을 적은 수기手記라고 할 수 있습니다. 지금까지 일희일비一喜一悲하며 세상사에 매달려온 제 삶에 대한 반성문이자, 전향서이기도 합니다.

그런데 이 일곱 사람의 당당하면서도 흥미진진한 극기克己의 여정旅程을 혼자 간직하기에는 아깝다는 생각이 들었습니다. 새로운 도전에 나서려는 젊은이들이나 지금까지와 다른 삶을 살려고 신발 끈을 다시 조여 매는 분들과 조금이나마 공유하고 싶었습니다. 일곱 사람이 남긴 육성肉聲을 '자기自己 노트note' 형식으로 담은 것은 이런 이유에서입니다. 그러나 능력이 짧고 부족한지라 부끄러울 따름입니다. 급변急變의 이 시대에 혹시 작은 위로나 힘이 될 수 있다면 과분한 보람일 것입니다.

송 의 달

차례

1

손정의 _{孫正義}

"목표가 너무 낮지 않은가? 평범한 삶에 만족하고 있지 않은가?"

손정의^{孫正義·1957~·일본명 손 마사요시} 소프트뱅크 그룹 사장^{CEO} 겸 회장이 2012년 10월 10일 자신의 트위터에 올린 글이다. 자신의 30년 친구인 스티브 잡스^{Steve Jobs·1955~2011} 애플 CEO가 1년 전 세상을 떠난데 대한 충격을 담아 쓴 이 두 줄은 손정의의 인생관을 압축적으로 웅변한다.

하나 더한다면 에도^{江戸} 막부 말기를 산 일본의 대표 유학자 사토 잇사이^{佐藤一齊·1772~1859}가 〈언지록^{言志錄}〉에 남긴 아래 문장이다.

"세상에 제일가는 인물이 되고자 하는 자의 뜻은 결코 작지 않다. 뜻있는 자는 마땅히 고금의 제일가는 인물이 되겠다는 뜻을 가지고 스스로 기^期해야 한다."

1981년 9월, 일본 규슈 후쿠오카^{福岡}시 하카타구^區의 작은 마을 잣쇼노쿠마^{雜餉隈}. 끈적끈적한 무더위 속 에어컨도 없는 낡은 건물

2층 방에서 24세 손정의는 아르바이트 사원 두 명을 앞에 두고 귤 상자^{당시 귤 상자는 나무로 만든 상자였음}에 올라섰다. 회사 설립 후 첫 조례였다. 그는 '30년 후의 우리 회사의 모습을 보라'는 내용으로 1시간여 연설을 했다.

"앞으로 소프트뱅크^{softbank··'소프트웨어의 은행'이란 뜻}라는 회사에서 훌륭한 사업을 시작할 겁니다. 그건 바로 디지털 정보혁명입니다. 마이크로컴퓨터를 사용해서 컴퓨터의 힘으로 디지털 사회에 공헌하고 디지털 정보혁명을 일으킬 것입니다. 30년 후에는 두부 가게에서 두부를 세듯이 '잇쵸^{한 모}, 니쵸^{두 모}'라고 숫자를 셀 것입니다. 사업가를 목표로 하고 있는 이상 1천억, 5천억은 대단한 것이 아닙니다. 1조, 2조라는 수 단위로 일을 하는 규모의 회사가 될 것입니다."[1]^{일본어로 한 모, 두 모를 나타내는 잇쵸, 니쵸는 발음이 1조〈兆〉, 2조〈兆〉와 같다. 매출을 조 단위로 셀 만큼 회사를 크게 키우고 싶다는 뜻이다.}

일장연설을 들은 두 사원은 "저 인간 제정신이냐?"며 두 달도 안 돼 회사를 떠났다. 손정의가 귤 상자 위에서 외쳤던 꿈같은 연설은 25년 후인 2006년 '현실'이 되었다. 소프트뱅크의 그 해 매출이 처음 1조엔^{약 10조7400억원}을 넘은 것이다. 그 귤 상자는 지금도 소프트뱅크 본사 빌딩 26층 대회의실에 놓여 있다. 그때의 '초심'을 잃지 않기 위해서라고 한다.

활화산 같은 큰 꿈의 혁신가

하지만 사업 첫 30년은 위기와 고난, 시련의 연속이었다. 손정의 스스로 "큰 위기였다"라고 꼽은 것만 다섯 번이다.[2] 창업 1개월 만에 자본금 1천만엔의 거의 전부를 전자電子 전시회 출품에 '올인'한 것과, 창업 1년 반 만에 5년 시한부 판정을 받고 중증 만성간염 투병을 3년 반이나 한 것, 그리고 1994년 소프트뱅크 주식공개IPO와 미국 진출, 2001년 일본 초고속인터넷 사업 진출, 2006년 업계 최하위 휴대폰 사업자이던 보다폰재팬vodafone Japan 인수가 그것이다.

그때마다 손정의는 "이번엔 제대로 미쳤다"거나 "허풍쟁이"라는 조롱과 손가락질을 받았다. 그럼에도 보란 듯이 모든 걸 이겨내면서 더 크고 강하게 거듭났다. 그가 최대 주주로 있는 소프트뱅크 그룹은 2019년 11월 현재 최소 1600억 달러약 186조원의 부채이자를 갚고 있는 빚만 계산를 지고 있다. 그러나 손정의는 "세워 놓은 비전은 미동도 하지 않고 곧바로 전진한다"며 흔들림이 없다.

트윗을 통해 손정의가 "나는 평범한 삶에 만족하고 있지 않은가?"라고 자문自問한 날로부터 닷새 후인 2012년 10월 15일, 그는 미국 3위 무선통신 사업자인 스프린트Sprint의 인수를 선언했다. 스프린트 총지분의 70%를 200억 달러약 22조2400억원를 주고 사들인 것이다. 이를 신호탄으로 손정의는 일류 기업 사냥을 가속화하고 있다. 브라이스타Brightstar·휴대폰 유통·2013년·11억 달러, 디디추싱滴滴出

行·차량 공유·2016년·45억 달러, 영국 ARM반도체 설계·2016년·340억 달러 등….

이 가운데 ARM은 스마트폰의 두뇌 격인 애플리케이션 프로세서 AP의 원천 설계 기술을 개발하는 회사로, 세계 모든 스마트폰과 태블릿 PC에 탑재된 AP의 95% 이상이 이 회사의 설계를 기반으로 만들어진다.

그가 세운 소프트뱅크는 설립 35년 만인 2016 회계연도에 연간 순이익 1조엔약 10조7400억원을 넘어섰다. 일본 대표기업인 도요타가 연간 순이익 1조엔 돌파에 67년이 걸린 것과 비교하면 30년 이상 빠른 속도이다. 소프트뱅크는 '매출 1조엔'을 기록한 지 10년 만에 다시 '순이익 1조엔' 고지에 올랐다.

손정의는 2019년 기준 229억 달러의 개인 재산을 가진 세계 43번째 부자이다.[3] 그가 이끄는 소프트뱅크 그룹은 1302개의 계열사와 423개의 투자회사, 26개의 합작회사 등 모두 1751개 회사를 갖고 있다.[4] 여기에 일하는 종업원만 7만6866명이다. 그 가족들과 다른 직간접 관계 회사만 합쳐도 이미 거대한 '손정의 제국帝國'이다. 그의 '꿈'은 여기서 그치지 않는다. "앞으로 30년 이내에 시너지를 내는 관련 회사를 5천 개로 늘리겠다"[5]고 호언한다.

2017년 사우디아라비아 국부펀드PIF 등과 손잡고 4차 산업혁명 관련 분야 유망 성장 기업에 집중 투자하는 1천억 달러 규모의 '비전펀드VisionFund'가 첫 번째 견인차이다. 손정의는 2019년 7월,

1080억 달러 규모의 '비전펀드 2호' 설립 계획도 밝혔다.

"나의 본적은 인터넷이다"

그는 창업 30주년을 맞은 2010년 6월, 주주총회에서 "앞으로 30년을 넘어 300년 이상 살아남는 회사가 되고 싶다"고 말했다. 후계자 문제와 관련해서는 "맞벌이 부부로 살고 있는 두 딸에게 경영권을 물려줄 생각은 해본 적도 없고, 앞으로도 없을 것이다"고 했다. 손정의는 소프트뱅크를 이끌 차세대 최고경영자, 즉 '손정의 2.0'을 키우기 위해 그해 7월, '소프트뱅크아카데미아'를 개원해 교장校長을 맡고 있다.[6]

"나는 AI인공지능 기술혁명을 이끄는 지휘자가 되고 싶다. 전 세계 AI 분야의 투자 기회를 독식하겠다."2019년 6월, 소프트뱅크 주주총회

"나의 본적은 한국도, 일본도 아닌 인터넷이다"라고 말하는 손정의는 세계 기업인의 정형定型을 깨부수는 '이단아'이다. 그의 '큰 꿈'과 질풍노도 같은 '혁신력'은 어떻게 탄생했으며, 어떻게 60년 넘게 용암처럼 활활 타오르고 있는 걸까?

손정의 회장의 명함에 적힌 소프트뱅크 그룹 주소는 도쿄 중심부인 미나토구 히가시신바시東新橋 1-9-1번지이다. 17세기 도쿠가와 막부 시대의 대표 유적인 하마리큐浜離宮 정원과 도쿄 만灣이 내려다보이는 풍광 좋은 곳에 위치한 시오도메汐留 빌딩 26층에 그가

근무하는 사장실이 있다. 그런데 26층 한 쪽 벽에는 막부 말기 메이지유신을 이룬 주역 중 한 명인 사카모토 료마坂本龍馬·1835~67의 전신全身 사진이 걸려 있다. 목검과 죽도도 있다.

손정의는 왜 여기에 막부 말기 활약했던 최하급 무사武士·사무라이인 료마 사진을 걸어놓고 있을까? 그의 료마와 인연은 16세 때로 거슬러 올라간다. 손정의는 규슈九州 사가현의 일본국철JR 도스역 근처의 무번지無番地 판자촌에서 1957년 4형제 중 둘째로 태어났다. 어려운 가정 형편에다 재일 한국인 3세라는 이유로 돌팔매질을 당하는 등 많은 차별 대우를 받았다. 의기소침한 소년 '야스모토 마사요시安本正義·21세에 결혼하면서 부인의 성姓을 '손'으로 등록한 뒤 손정의는 자신의 성명을 '손 마사요시'로 개명했다 시절'에 대한 손정의의 회고이다.

"조난중학교에 다니고 있던 어느 날, 과외선생님이 생소한 작품 한 편을 권해 주었다. 시바 료타로가 쓴 역사소설 〈료마가 간다〉였다. 정신이 번쩍 났다. 주인공인 사카모토 료마는 최하급 무사로 태어났으나 강력한 의지와 비전으로 일본 근대화를 이끈 개혁가이자 탁월한 비즈니스맨이다. 그의 삶에 비춰보니 나 자신이 더없이 한심하게 느껴졌다. 차별이니 인종이니 하는 문제로 고민하는 것 자체가 얼마나 시시한지 깨달았다. 주눅 들어 쪼그라질 대로 쪼그라든 꼴이라니. 난 다르게 살기로 결심했다. '인생을 불사를 만한 일에 이 한 몸 부서져라 빠져들고 싶다. 그 뭔가를 꼭 이루겠다'는 결심이 가슴 깊이 강렬하게 자리 잡았다."**7**

"갈기갈기 찢겨질 정도로 열심히 해보고 싶다"

손정의는 20~30대 젊은이들을 상대로 한 강연에서 이렇게 말했다.

"료마와 마주하고 있으면 작은 일로 끙끙거리며 고민하는 나 자신이 한심하게 느껴졌다. 죽음과 맞닥뜨리더라도 지금을 즐겁고 재미있게 살면 되지 않을까라는 생각이 들면서 점점 기운이 솟았다. 료마는 단순히 돈을 버는 것이 목적인 상인이 아니라 아무도 따라가지 못할 정도의 새로운 사업을 창조하여 세상에 공헌한 걸출한 사업가였다. 료마는 메이지의 신시대를 맞이하기 전에 33세라는 젊은 나이에 암살당했다.

온몸이 갈기갈기 찢겨질 정도로 료마처럼 열심히 해보고 싶다는 생각이 강렬하게 싹텄다. 금전욕 같은 게 아니라 100만 명, 1000만 명을 위해 공헌하고 싶었다. 정말로 많은 사람들에게 '저 사람이 있어서 다행이다'는 생각이 들게 하는 일을 해보고 싶었다. 그의 생애는 짧았지만 300년 동안 이어졌던 도쿠가와 시대의 패러다임을 송두리째 바꾸어 놓았다."**8**

눈길을 끄는 것은 손정의가 료마를 본받아 살기로 한 사업가로서의 '삶의 방식'이다. 그는 료마처럼 '금전욕에서가 아니라 100만,

1000만 명을 위해 공헌하고 싶다'고 했다. 즉 사업의 목적과 의미를 사회와 세상에 대한 공헌에서 찾은 것이다. 두 번째로, '새로운 사업을 창조'하겠다고 했다. 세상에 없던 새로운 사업과 사업 모델을 만들겠다는 것이다. 마지막으로, '인생을 불사를 만한 일'에 '온몸이 갈기갈기 찢겨질 정도로 열심히 해보고 싶다'는 의지다. 손정의가 이때 굳게 다짐한 '한 번뿐인 인생, 료마처럼 통쾌하게 살아가는 것을 목표로 삼고 싶다'는 마음은 그 후에도 바뀌지 않았다.

"많은 이들이 '그 사람이 있어 다행'이라 말할 수 있을 만한 값진 일을 해내기로 마음먹었다. 그것이 바로 나의 뜻志, 열여섯 소년이 품은 삶의 포부였다. 좌우명 '뜻을 높게!'는 그렇게 내 인생의 중심이 됐다."[9]

놀라운 것은 손정의의 결행력이다. 료마를 흠모하는 단계를 넘어 료마와 같은 인생을 살기 위해 변신한 것이다. "마음을 먹었으면 실천해야 한다. 한 번뿐인 인생, 뭔가 큰일을 하자. 일본 최고의 사업가가 되자." 이런 각오에서 그는 미국 유학을 결심했다.

건강악화로 각혈咯血·피를 토함하는 아버지를 이유로 가족, 친척들이 모두 유학을 반대했지만 손정의는 기어코 16세에 태평양을 건넜다. 료마의 '탈번脫藩·에도시대 일본의 무사가 소속된 지역인 번을 떠나는 것'처럼 돌아올 다리를 끊어버린 결연한 행보였다. 6개월 어학연수 후 캘리포니아주 샌프란시스코 인근의 세라몬테스쿨 10학년우리나라의 고교 1년에 편입한 손정의는 놀라운 집중력으로 3주일 만에 고교 1,2,3학년 과정을 모두 뗐다. 그리고 홀리네임스칼리지에서 2년 과정을 마친 뒤 1977년 UC버클리대 경제학과에 편입했다.

손정의는 이 무렵 인생 전체 계획에 해당하는 그림을 완성했다. 19세 때 만든 '손정의 인생 50년 계획'으로 20대부터 60대까지 50년 동안 10년 단위로 도전할 일, 이뤄내야 할 일을 담고 있다.

- 20대, 내 사업을 시작해 이름을 떨친다
- 30대, 운영 자금을 축적한다
- 40대, 일대 승부를 건다
- 50대, 사업을 완성시킨다
- 60대, 다음 세대에 사업을 물려준다[10]

출발점은 '뜻을 높게'

그는 말했다. "이후 내 삶은 온전히 그 비전을 현실화하는데 바쳐졌다. 계획을 바꾼 적도, 목표치를 낮춘 적도, 이를 달성하지 못한 적도 없다. '신중히 계획하되 반드시 실행한다.' 내가 평생을 두고 지켜온 원칙이다."

1983년 봄, 26세의 손정의는 회사 건강검진에서 만성간염으로 5년 시한부 판정을 받았다. 창업한 지 1년 반쯤 된 때였다. 병실에

PC, 팩시밀리 등을 두고 원격 경영을 했지만 이듬해 상품가격 데이터베이스화 사업 실패로 재무 상황이 곤두박질쳤다. 1986년엔 신뢰하던 유능한 임직원 20명이 배신했다. 한꺼번에 사표를 내고 독립해 별도 회사를 차렸다. 건강, 사업, 인간관계 등 모든 게 수렁에 빠진 최악이었다.

그는 슬프고 힘들어 병실에서 눈물을 뚝뚝 흘리며 울었다. 더이상 추락할 곳이 없을 것 같은 비참한 기분에 젖었다. 그러던 중 병원 침대에서 〈료마가 간다〉를 꺼내 다시 읽었다. 손정의는 미국 유학 중에도 이 책을 몇 번 읽었었다. 이때 그의 마음에 다시 '뜨거운 불'이 일어났다. 자포자기한 게 부끄럽게 느껴졌다.

"그렇다. 료마는 33세에 죽기 전까지 마지막 5년 동안 진정 중요한 일들을 했다. 결국 인생 마지막 5년만 있으면 세상을 바꿀 정도로 큰일을 할 수 있다. 나한테도 5년은 있다. 그래, 적어도 앞으로 5년은 살 수 있다. 그렇다면 료마처럼 남은 인생을 불태워보자!"

이런 마음을 먹자 투병생활이 달라졌다. 침대 위에서 뒹굴며 하루를 보내지 않고 엄청난 양의 책을 병실 안으로 들여와 읽었다. 이때 손정의가 읽은 책은 3천 권 정도였다고 한다. 책을 다시 손에 잡으며 어둡던 투병생활이 밝아졌다. 3년 동안 입원과 퇴원을 반복하던 중 새로 개발된 간염 치료법이 운 좋게 맞아 떨어져 마지막 3개월 만에 그의 병이 완쾌됐다. 3년 반 만인 1986년 5월, 경영 일

선에 복귀했다.[11]

손정의의 가장 큰 특징을 꼽는다면 그가 유난히 '뜻志'을 강조한다는 사실이다. 그것도 평범한 '뜻'이 아니라 '높은 뜻'이다. 그의 좌우명부터 '뜻을 높게!志し高く!'이다. 이 '높은 뜻'은 손정의의 인생과 사업에서 모든 전략·전술보다 상위에 있는 최상위 개념이다.

"세상을 바꾸는 일을 찾으라"

"인생은 한 번밖에 없다. 자신의 인생을 무엇에 걸고 싶은지 마음속에 정하는 게 중요하다. 인간은 돈만 있다고 행복하게 살 수 있는 존재가 아니다. 주변 사람들의 존경을 받으며 업무 능력을 인정받을 때 더욱 의욕이 생긴다. 아침에 일어나는 것도 즐거워서 견딜 수가 없는 그런 마음을 가져야 한다. 뜻을 빨리 품은 사람은 강하다."[12]

그는 젊은이들에게 "어떤 어려움이 닥쳐도 끝까지 참고 극복해내겠다는 굳은 각오를 갖고 자기만의 큰 꿈을 갖고 있는 사람이 일류 인재"라고 강조했다. "일류 인재들의 상당수는 보수를 노리고 회사를 고른다기보다 이 회사를 정말로 성공시키고 싶다는 큰 꿈을 가지고 있다. 꿈이나 비전, 뜻에 공명共鳴하고 있기 때문에 더욱 새로운 회사를 고르는 것이다."[13]

손정의가 여기서 말하는 '뜻'은 신념, 의지 같은 것을 의미하지 않는다. 일종의 비전vision이나 꿈dream, 방향에 더 가깝다. 그는 7년간 미국 유학을 마치고 귀국한 뒤 아무런 직장이나 돈벌이를 하지 않고 1년 6개월 동안 장고長考만 했다. 자신의 '큰 꿈'을 어디서, 어떻게 실현할 것인가를 놓고 진지하게 고민한 숙려熟慮의 시간이었다. 그는 "오르고 싶은 산을 정하라. 그러면 인생의 반半은 결정된다"는 생각을 돛대 삼았다. '오르고 싶은 산'을 정하는 게 인생을 좌우하는 큰 승부처라는 얘기다.

그는 일생을 걸 만한 사업을 고르기 위해 여섯 개의 기준을 정했다. 남이 안 하는 일, 세상을 바꿀 수 있는 일, 누군가에게 도움이 되는 일, 최고가 될 수 있는 일, 절로 열의가 샘솟으며 호기심을 유지할 수 있는 일 그리고 기술 혁신이 끊임없이 일어나는 일 등이다. 손정의가 내린 결론은 '디지털 정보혁명으로 세상의 지혜와 지식을 공유하며 인류에 공헌한다'는 것이었다.[14]

손정의가 정립한 '큰 뜻'은 이후 그가 벌인 모든 사업과 투자 결정의 판단 기준이 됐다. 어떤 사업이건 이 대의大義에 부합하지 않으면 시작조차 하지 않았다. 반대로 모든 사람들이 "바보 같은 짓"이라고 해도 이 대의에 맞으면 반드시 실행하고 성공시켰다. 비난이나 조롱에 굴하지 않고 33년의 짧은 삶을 산 '인생 스승' 사카모토 료마를 떠올리면서 말이다.

손정의는 지금도 매주 수요일 '소프트뱅크아카데미아'에서 예비

경영자들을 상대로 특강을 한다. 그때마다 그는 "뜻을 높게 가져라. 이 말을 항상 기억하십시오!"라고 말한다. 사업으로 사욕을 채우거나 주주株主 이익을 늘리는 차원을 넘어 인류에 기여하는 '크고 높은 꿈'을 품으라는 주문이다. 그는 힘주어 말한다.

5~10년마다 새 '철포'로 혁신하다

"뜻만 있으면 누구라도 리더가 될 자격이 있다. 리더는 공격력, 수비력, 지식을 모두 갖추고 있어야 하지만, 그 모든 것을 합치더라도 '높은 뜻'을 가지고 있는 것이 더 중요하다."[15]

취직이나 전직轉職을 하려는 이들에게는 이렇게 충고한다.

"'일仕事'의 차원을 넘어 '일志事'을 찾는 것이었으면 한다. 어떠한 뜻에 인생을 걸지, 이 지표를 인생의 갈림길에서 중요한 기준으로 삼을 것을 권한다. '뜻志'은 '꿈夢'과 아주 닮은 단어이지만, 뜻이란 개인적인 바람을 도모하는 것을 뛰어넘는 장대한 목표라고 생각한다. '세상을 바꾸고, 사람들을 행복하게 해주고 싶다. 모두의 꿈을 이루는데 도움을 주고 싶다.' 나는 그런 뜻을 품고 인생을 보내고 있다."[16]

1981년 소프트웨어 유통업으로 시작한 손정의는 이후 PC 관련 출판 사업과 전시회, 인터넷, 초고속인터넷통신망, 휴대전화모바일 등 5~10년 단위로 간판 사업을 바꾸어왔다. 그리고 2016년 7월 영국 암ARM 홀딩스를 매입했다. 연간 매출 1조4천억원짜리 반도체 칩 설계 회사를, 일본 역사상 최대 인수합병M&A 금액약 35조원을 주고 산 것이다. ARM 인수 발표 다음날인 7월 19일 도쿄 증시에서 소프트뱅크 주가는 10.3% 하락했다. 이후 열흘 동안 소프트뱅크 그룹 주가는 13% 폭락했다.

그로부터 9개월 후인 2017년 4월 말, 소프트뱅크 주가는 ARM 매수 직전보다 40% 정도 올랐다. 인공지능AI과 사물인터넷IoT이란 시대 흐름을 정조준한 멋진 투자로 재평가 받았기 때문이다. 엉뚱해 보이는 투자나 사업에 진출할 때마다 손정의는 이렇게 말한다.

"시대를 뒤쫓아가서는 안 됩니다. 다음 시대에 무엇이 올지 먼저 읽고 준비하며, 시대가 쫓아오기를 기다리는 것이 필요합니다."[17]

손정의가 자신의 전 재산에다 11개 은행에서 빌린 돈까지 합쳐 1조7500억엔의 거금을 모아 2006년 이동통신 사업자이던 보다폰 재팬 인수에 나선 것도 그랬다. PC 중심의 인터넷 시대가 저물고 모바일 중심으로 급속 재편될 것임을 알았기 때문이다. 중의원 의원출신으로 2006년부터 2014년 3월까지 8년간 손정의의 사장실장을 지냈던 시마 사토시는 이렇게 말한다.

"손정의와 소프트뱅크는 음성 서비스를 하기 위해 휴대폰 사업에 뛰어든 것이 아닙니다. 모바일 인터넷 사업을 하기 위해 보다폰을 인수한 것이지요. 그 점을 분명히 밝히고 싶습니다. 손정의가 스티브 잡스와 만나 애플의 아이폰 독점 판매권을 얻는 것과 관련 잡스와는 금전적인 조건을 놓고 협상한 적이 한 번도 없었어요. 몇 대 사라거나 얼마에 사겠다는 이야기가 일절 없었지요. 그런 차원이 아니었어요."[18]

시대 흐름과 미래 변화를 읽다

손정의는 다가올 미래가 어떻게 될 것이며, 이를 위해서는 어떤 사업을 어떻게 해야 하는 지를 쉽 없이 고민하고 탐색한다. 그의 말이다.

"저는 결코 세상을 바꿀 대단한 발명을 하지는 않았습니다. 하지만 보통사람보다 나은 특별한 능력이 단 하나 있습니다. 그것은 패러다임 시프트paradigm shift·인식과 체계의 대변환의 방향성과 그 시기를 읽는 능력입니다. 눈앞의 2~3년 돈벌이에는 관심이 없습니다. 10년 후나 20년 후에 꽃피울 사업을 씨앗 단계에서 구분해내는 능력이 제게는 있습니다. 또한 그에 대한 리스크위험를 감수할 능력도 다른 사람보다 강합니다."[19]

그는 일본 역사에서 이런 교훈을 배웠다고 했다. 손정의는 "일본 전국시대에 다케다 가쓰요리武田勝頼가 자랑하는 기마군단이 철포를 사용한 오다 노부나가織田信長의 군대에 패배한 것은 '전쟁의 패러다임 시프트'에 제대로 올라타지 못했기 때문이다"고 했다.

철포와 화약이라는 신세대 기술의 힘을 파악하고 독점해 강력한

라이벌을 무찌르고 천하통일을 이룩한 오다 노부나가는 손정의에게 또 한 명의 '스승'이었다. 손정의는 인생을 뒤흔든 '철포'를 열아홉 살이던 1976년 가을 처음 발견했다. 미국 인텔이 개발한 컴퓨터 마이크로프로세서였다.

"단골 슈퍼마켓에서 방금 산 잡지 〈파퓰러 일렉트로닉스〉Popular Electronics를 넘기며 훑어보는데 인텔이 개발한 컴퓨터 칩 'i8080'의 확대사진이 눈에 들어왔다. 기사를 읽으며 눈물을 줄줄 흘렸다. 손가락 발가락까지 온몸이 마구 저려왔다. '인류가 드디어 이런 엄청난 일까지 해냈구나.' 굉장한 감격이었다. 이 작은 부품 하나가 인류의 삶을 어떻게 바꿔 나갈지 상상하니 소름이 끼쳤다. 나는 결심했다. '그래, 발명이다. 컴퓨터다. 그 길을 가겠다.'"[20]

"50수 앞을 내다보고 결정한다"

손정의는 이 한 장의 사진과 만남을 계기로 컴퓨터에 푹 빠졌다. 이 사진을 잘라내어 투명한 파일에 끼워 넣고 한시도 떼놓지 않고 가지고 다녔다. 잘 때도 베개 밑에 넣어 품고 잘 정도였다. 대학 컴퓨터 동아리에 들어갔고, 음성 기능이 붙은 전자번역기 개발도 했다.

1995년 11월, 손정의는 실리콘밸리에서 두 번째 '철포'를 찾아냈다. 이번에는 인터넷 포털 기업 '야후Yahoo'였다. 당시 창업 1년 남짓한 야후는 연매출 100만 달러에 적자가 그 두 배인 200만 달러에 이르는 신생 벤처 기업이었다. 같은 해 가을 인수한 IT 미디어 기업 '지프 데이비스'의 에릭 히포 사장으로부터 투자할 만한 유망 회사를 추천받은 곳이 야후였다.

손정의는 야후의 공동창업자인 제리 양과 데이비드 파일을 만나 콜라와 피자를 나눠 먹으며 대화를 나눴다. 그리고 초기에 200만 달러를 투자했다. 이어 몇 달 후 다시 협상 끝에 1억 달러 이상을 추가 투자해 야후의 2대 주주지분 35%가 됐다. 일본에선 미국 야후 40%와 소프트뱅크60% 합작으로 야후재팬을 세웠다.

손정의가 보다폰재팬 인수 같은 초대형 투자에 나설 때, 미국 야후 본사 주식과 야후재팬은 안정된 현금을 창출하며 '효자' 노릇을 했다. 일찌감치 스티브 잡스를 접촉해 애플 아이폰 독점 판매계약을 맺은 것도 마찬가지다. 남들은 의아해하였지만 "인터넷 시대의 '다음 철포'는 무엇일까"를 사색한 덕분이다. 그런 점에서 영국 암 ARM 홀딩스는 '모바일 시대' 다음의 'AI인공지능 혁명 시대'를 이끌 또 다른 '신형 철포'이다. 손정의는 2017년 기자회견에서 이렇게 말했다.

"바둑으로 치자면 50수手 앞을 내다보고 돌을 둔 겁니다. 보통사람들은 2~3년 앞을 내다보는 게 고작입니다. 하지만 내가 둔 수는 좀 더 시간이 흐르고 나서야 절묘했다고 할 만한 것입니다. 이건이 업계에 사활을 건 사람만이 볼 수 있는 수입니다. 보통사람들은 이해하기 어렵죠."[21]

서비스 위주인 소프트뱅크 사업과 무관한 순수 설계제조회사인 ARM에 35조원의 거금을 투자하는 것은 월급쟁이 경영자들이나 오너들은 흉내조차 낼 수 없는 행동이다. 모든 사물이 인터넷으로 연결되는 사물인터넷[IoT과 AI 시대에서는 초超저소비전력 반도체 칩 대량 사용이 필수적이다. ARM은 이 분야 칩chip 생산에서 세계 최고 기술력을 갖고 있다.

손정의는 "앞으로 20년 안에 ARM이 설계한 반도체가 1조 개 이상 지구상에 뿌려지게 될 것"이라며 반도체 업계의 '숨은 거인'을 자기 소유로 만들었다. 그것도 2006년부터 10년 넘게 ARM을 유심히 지켜보다가 전광석화처럼 성사시켰다.[22]

2017년 4월 21일, 필자는 시오도메 빌딩 26층의 소프트뱅크 그룹 사장실 옆방 회의실에서 손정의를 만나 '30년 넘게 비즈니스 성공을 거두고 있는 핵심 요인 3개'를 꼽아달라고 했다. 그의 대답은 이랬다. "비전vision이 첫 번째, 전략이 두 번째, 전술이 세 번째입니다. 그러나 이 모든 게 제대로 이뤄지려면 내면에 열정passion을 갖고 있어야 합니다."[23]

그의 좌우명인 '뜻을 높게'는 비전에 해당한다. 그리고 일본 전국시대의 무장武將 오다 노부나가처럼 시대를 앞서서 패러다임 변

화를 간파하고 '선제先制 경영'을 하는 것은 전략에 속한다. 큰 목표
와 전략을 달성하기 위해 전술과 기법도 동원한다.

하지만 이 모든 것의 성공과 실패를 판가름 짓는 요소가 있는
데, 그것은 '열정'이다. 손정의의 삶은, 그가 사카모토 료마를 처음
접한 중학교 때부터 만 60세가 넘은 지금까지 '열정'이라는 글자를
빼면 설명이 안 된다. 미국 유학시절부터 그랬다.

'열정'이 모든 성공과 실패를 판가름짓는다

손정의는 당시를 돌이켜 보며 "'나보다 더 열심히 공부한 사람은
없다'고 자신 있게 말할 수 있다. 더 이상 열심히 공부하는 것 자체
가 물리적으로 불가능했다"고 했다. 얼마나 악착같이 공부했을까.

"수업은 한 번도 빼먹지 않았다. 항상 맨 앞줄에 앉아 교수 얼굴
을 잡아먹을 듯 노려보며, 화장실에 갈 때도 교과서를 손에 들고
걸으면서 책을 읽었다. 밥을 먹을 때도 손에서 교과서를 놓지 않았
다. 왼손엔 책을 들고, 오른손으로 포크를 움직이며 눈은 교과서
에 못 박은 채 아무것이나 집히는 대로 입에 넣었다. 폐렴에 걸린
줄도 몰랐다. 기침이 계속 터져 나오고 목에선 쌕쌕 소리가 났지
만, 참고 공부했다. 머리가 깨질 듯 아파도 그저 책만 봤다. 쉬는
시간은 오직 잘 때뿐, 그마저도 최소화했다."[24]

그는 "피 토하는 아버지, 오열하는 어머니를 뿌리치고 온 유학

이다. 내가 하고 싶은 일을 하면서 우는 소리를 왜 낸단 말인가. 나도 일본에선 불평 많은 학생이었지만 미국에서는 그럴 수 없었다"고 했다. "학생의 본업은 공부다. 본업 중의 본업에 목숨을 걸자. 죽어라 공부하지 않으면 벌 받을 거야!"

손정의는 이렇게 생각하며 스스로를 더 혹독하게 몰아쳤다. 유학 기간을 단축하려고 대학입학자격시험SAT이 필요 없는 2년제 대학에 들어간 그는 전 과목 A학점을 받았다. UC버클리 졸업 때는 모교는 물론 하버드, 스탠퍼드, MIT 같은 명문대학에서 전액 장학생 제안을 받았다. 하지만 손정의는 '대학만 졸업하고 오겠다'고 한 어머니와의 약속을 지키기 위해 귀국했다.

걷고 밥 먹을 때에도 책을 보며 공부한 손정의는 유학생활 중 '매일 5분'을 발명에 할애했다. 그의 표현을 빌면 매일 5분은 '금쪽같은 시간'이었다. 하지만 쪼들리는 가족의 부담을 조금이라도 덜고 향후 사업자금을 마련해야 했다. 매일 발명에 몰두해 250여 개 아이템을 짜냈는데 그 중 가장 쓸 만한 것은 음성 발신기와 사전, 액정 화면을 결합한 '다국어 번역기'였다. 얼마나 번역기 개발에 몰두했던지 손정의는 두 살 연상의 부인과 결혼식 날짜를 잡아놓았다가 지각해 결혼식이 취소됐다. 부인과 다시 혼례 날짜를 정했는데 또 지각했다. 이번에는 주례를 맡은 목사가 이해해 줘서 결혼식을 치를 수 있었다. 1977년 특허를 따 이듬해 번역기 시제품을

낸 손정의는 1년 반 만에 3억엔을 벌었다.[25] 매일 5분을 아껴가며 전력을 다해 '혁신 인생'을 산 손정의가 받은 선물이었다.

40대에 큰 승부…하루 19시간씩 일하다

그의 '열정'은 2000년 1월 더 뜨겁게 타올랐다. 1월 첫날, 손정의는 출근하자마자 "지금부터 일절 약속을 잡지 마세요. 당분간 사장실에 출근하지 않을 거고, 아무도 만나지 않을 겁니다"라고 말했다. 43세인 그가 '40대 큰 승부'를 염두에 두고 있었기 때문이다. 대상은 일본 최대기업 NTT가 독점하던 초고속인터넷 사업. 일본 인터넷은 속도가 너무 느리고, 요금도 매우 비쌌다. 꼭 돈을 벌기 위해서라기보다 '디지털 정보혁명으로 인간을 행복하게 만들고 싶다'는 '큰 뜻'에 충실한 결정이기도 했다.

이듬해 6월, 도쿄 시내 오쿠라호텔 연회장에서 열린 출시행사에서 손정의는 "NTT의 ISDN보다 다섯 배 빠른 초고속인터넷을 NTT 요금의 8분의 1인 월 990엔에 서비스하고 초기 설치비 무료, 프로모션 기간 중에 가정용 모뎀을 무료로 제공하겠다"고 선언했다. 하지만 장내는 쥐 죽은 듯 조용했다. 박수 치는 사람은 한 명도 없었다. 시장에선 비관론이 팽배했다. 손정의만 외쳤다. "저는 제 방식대로 세상을 봅니다. 이 사업은 성공합니다!"

그나마 소비자 반응이 좋아 두 달여 만에 신청자 100만 명을 넘었지만 네트워크가 문제였다. NTT의 비협조로 인터넷 회선 서비스 개통이 막혀 8월에 시작하려던 정식 서비스를 9월로 미뤘지만 뾰족한 답이 없었다. 손정의는 관할 관청인 총무성우리나라의 행정안전부에 해당하는 부처으로 달려갔다. 담당 과장을 만난 그는 책상을 내리치며 피를 토하듯 소리쳤다.

"여기서 내 몸에 석유를 끼얹고 내 손으로 불을 지르겠소! 총무성 당신들이 NTT에 똑바로 하라고 말하지 않는다면, 독점적 네트워크를 무기로 이런 불법 행위를 일삼는 걸 묵인한다면 100만 고객을 볼 면목이 없는 나는 죽을 수밖에 없지 않겠소!"[26]

손정의가 분신자살 운운하며 난리법석을 피우자, 총무성은 NTT에 공정한 처리를 부탁했고 그러면서 소프트뱅크의 초고속인터넷 서비스가 조금씩 열렸다. 그 해 연말, 8시간의 점검 회의를 한 손정의는 다시 대노했다. 그때까지 서비스가 제대로 개통된 사용자가 20만 명에 불과한 탓이었다. '사업 시작 1년 만에 100만 개통 가입자 확보'라는 그의 호언이 거짓말이 될 판이었다. 손정의는 회의 직후 "내일부터 내 집무실은 '야후 BB'초고속인터넷 담당 자회사 추진팀이 있는 4층 회의실"이라고 했다. 다음날부터 손바닥만한 4층 소회의실에서 집무를 본 손정의는 하루 15~19시간 근무했다. 그의 회고이다.

"나는 '야후 BB' 기술직 직원들과 함께 좁은 사무실 한편에 거의

처박혀 살다시피 하며 일을 했다. 그 기간 동안은 주말, 휴일, 오봉お盆·음력 7월 15일로 조상의 영혼을 기리는 일본의 명절, 오쇼가츠お正月·일본의 설를 모두 반납했다. 어느 날 거래처 사람과 약속을 잡으며 '업무상할 얘기가 있으니 3시에 와달라'고 부탁했다. 보통사람들은 3시라고 하면 오후 3시라고 생각한다. 그러나 나는 새벽 3시를 말한 것이었다. '이 일을 6시까지 끝내 달라'고 부하 직원에게 부탁하고 퇴근한 적도 있다. 이때 6시라고 한 것도 그날 아침 6시였다. 고객을 기다리게 하지 않기 위해서 목욕할 시간도 없을 정도로 극한 상태에서 일했다."[27]

'내 인생의 오케하자마 전투'

그는 "새벽 3시에 회의를 소집했고, 필요하면 언제든 밤을 새웠다. 사무실엔 온통 직원들의 땀 냄새, 며칠 동안 목욕을 못한 나의 시큼한 냄새가 가득했다"고 했다.

손정의는 이 프로젝트를 '내 인생의 오케하자마桶狭間 전투'라고 불렀다. 이 전투는 전국시대 오케하자마라는 곳에서 오다 노부나가織田信長가 2천 명의 병사로 기습작전을 펴 이마가와 요시모토今川義元의 수만 대군을 물리친 일본 역사상 최대 역전극을 말한다. 노부나가가 이 전투에서 패했더라면 살아남을 수 없었듯이, 초고속 인터넷 사업은 손정의의 존망을 건 일생일대의 승부였다.

"정말 누가 봐도 무모한 싸움이었습니다. 지금 생각해보면 '크레이지crazy'라는 말 외에는 어떤 말로도 표현할 수 없습니다. 실패했다면 소프트뱅크는 도산해버릴지 모르는 상황이었습니다. 하지만 그 모든 것을 알면서도 사업을 접을 생각은 눈곱만큼도 없었습니다."

초고속인터넷 사업에서 손정의는 4년 연속으로 매년 1천억엔씩 적자를 봤다. 하지만 흔들림 없이 밀어붙였다. 2005년 흑자 전환이 이뤄졌다. 2004년도 결산에서 소프트뱅크 매출은 8370억엔까지 올라갔다. 젊은날 귤 상자 위에 올라가 했던 말, '1조, 2조'의 야망이 곧 손에 잡히기 직전까지 왔다. 소프트뱅크는 2004년 6월, 일본 국토의 80%를 커버하는 유선전화 네트워크사 일본텔레콤을 인수했다.

'100번의 노크'와 수천 번의 모의실험

"마음속에서 '이거다' 싶은 것을 만났을 때 사람은 시간과 장소에 관계없이 어쨌거나 일에 매진할 수 있다. 그때에는 '뭐 때문에 일 하나', '월급이 적어서 괴롭다' 같은 건 생각할 틈이 없다. 절대로 완수하지 않으면 안 되는 일이라고 생각되는 일을 만났을 때는 목숨을 걸고 돌진해야 한다."[28]

'정말 몰두할 만한 일이라면 목숨을 걸어라!' 이런 생각과 열정,

투혼이 손정의가 역경을 딛고 혁신과 성장의 기회로 삼으며 전진할 수 있었던 밑거름이다.

손정의는 자신의 성공 비결로 비전vision 다음으로 전략strategy을 꼽는다. 그는 수많은 기업을 투자 또는 인수합병M&A했으나 한 번도 허투루 한 적은 없다고 했다. 자신의 큰 그림비전과 그에 상응하는 전략, 전술에 맞췄다는 것이다.

출발부터 그랬다. 사업가로서 처음 시작할 비즈니스를 정하기위해 40개 아이템에 대해 각각 높이 1m 이상의 자료를 모아놓고조사했다. 1년 6개월 동안 이 작업에만 매달렸다. 1994년 11월, 세계 최대 IT 미디어 그룹인 지프 데이비스 인수 때에는 며칠 동안밤을 새며 2만 쪽에 이르는 방대한 자료를 준비했다. 인수합병을할 때에는 수백, 수천 번의 시뮬레이션simulation·모의실험을 했다. 그가 공개한 'M&A 전술'은 이렇다.

"본능과 디테일 스터디detail study 두 개 다를 합니다. 먼저 본능적으로 이게 옳은가 그른가 판단합니다. 그 다음 디테일에 대해 아주많이 조사합니다. 민감도 분석, 즉 이쪽으로 가면 결과가 어떻게될까, 다른 쪽으로 가면 어떻게 될까에 대한 시뮬레이션도 수백, 수천 번 반복하지요."[29]

그는 야구 훈련법에서 응용한 '100번의 노크100 knocks'도 애용한다. '100번의 노크'는 신규 사업 진출 전후로 100번 정도 사업 항목별로 점검·평가·확인하는 방식이다. 여러 항목들을 한눈에 보기 쉽도록 그래프로 만들어 경영분석을 하는 방법도 자주 쓴다. 창사 30주년을 앞두고 '300년 영속 기업' 비전을 전사全社적으로 마련할 때 조사결과를 몇 개의 그래프로 만들어 모두 출력해 연결했더니 5m가 넘었다고 한다. 손정의는 이 자료를 둘둘 말아 가지고 다녔다.

이는 경비행기 조종사들은 육안으로 주변을 살피며 비행하는 반면, 점보기 조종사는 계기판만 잘 보면 창밖을 신경 쓰지 않고도 안전한 비행을 할 수 있는 것과 같은 이치다. 세밀한 조사와 분석을 통해 생각 가능한 모든 시나리오를 만들어 대비하는 게 손정의 방식이다.

그는 주거래 은행을 두지 않고, 어음을 사용하지 않고, 부동산을 일절 두지 않는 '3무無 경영'도 펼치고 있다. 1995년 주거래 은행제도를 폐지한 대신 독자적인 은행 평가제도를 만들어 운용한다. M&A한 회사가 이미 보유하고 있는 것 외에는 어떤 부동산도 갖고 있지 않다. 본사 사옥도 임대해 쓴다. "땀 흘려 이룬 것이 아닌 부동산 수익은 가치 없다"고 말하는 손정의는 "땅과 건물에 묻어둘 돈이 있다면 더 의미 있고 미래지향적인 사업에 써야 한다"고 했다.

산전수전 다 겪은 손정의는 '멘탈 게임mental game·정신 관리 게임의 고수高手'이기도 하다. "모든 일을 시작할 때 우선 성공한 다음의 이미지를 먼저 머리에 떠올리고 '좋아, 성공했어!'라고 기뻐해보자"고 하는 식이다. 이렇게 먼저 기뻐하면, 그 기쁨이 스스로를 자극하고 움직이게 만드는 엔진이 되어 이후의 난관을 별로 걱정하지 않게 된다는 것이다. "가장 먼저 나 자신이 성공의 기쁨을 맛보았기 때문에 그 후 아무리 고생을 하더라도 그 기쁨을 위해서 참을 수 있다"고 손정의는 말했다.**30**

그는 2010년 6월 소프트뱅크 신新30년 비전을 발표할 때에도 가장 먼저 '30년 후의 미래는 어떻게 되어 있을까'라고 상상하는 것에서 시작했다고 했다. 30년 후의 거리 풍경, 사무실, 자택 거실에서 최신 디바이스를 갖고 있는 모습 등을 떠올리는 식으로.

'손孫의 제곱 법칙'으로 차별화

손정의는 기업가로서 드물게 자기만의 '경영 전략'을 만들어 비즈니스 결정에 직접 적용해 오고 있다. 20대 중반에 스스로 창안한 '손孫의 제곱 법칙'이 그것이다. 그는 일본의 격주간 비즈니스 잡지 〈프레지던트PRESIDENT〉1997년 1월호의 '리더가 좌우명으로 삼는 손자孫子의 명언'이라는 특집기사에서 '손의 제곱 법칙'을 만든 경위 등을 소개했다.

"〈손자병법〉은 쓰인 지 2천여 년이 지난 오늘날에도 참신한 암시가 가득 담겨 있는 실천서이다. ⁽중략⁾ 나는 3년 반 동안 만성간염으로 입원과 퇴원을 반복해야 했던 시기에 손자병법에 관한 책을 닥치는 대로 읽었다. 나를 강하게 성장시켜줄 시련이라고 생각하고 손자를 공부했는데, 그때 얻은 결론으로 손자의 '손'과 나의 성姓을 곱해 '손의 제곱 법칙'이라고 이름 지은 비즈니스 법칙을 만들어 냈다."**31**

'도천지장법, 정정략칠투, 일류공수군, 지신인용엄, 풍림화산해 道天地將法, 頂情略七鬪, 一流攻守群, 智信仁勇嚴, 風林火山海', 손자병법에서 나오는 구절과 그가 창작한 문자를 조합한 이 25자가 '제곱 법칙'의 전부다. 손정의는 "새로운 사업에 도전할 때마다 이 25자를 머릿속에 떠올리고 수없이 자문자답을 반복하며 앞으로 나아가야 할 길과 비즈니스 방향을 결정해 왔다"고 했다. '손의 제곱 법칙'이 적용된 대표 사례로 '7할 승부론'을 꼽을 수 있다. 제곱 법칙의 '정정략 칠투'가 모태인데, '칠七'은 '7할 정도의 승산이 있을 때 승부를 건다'는 뜻이다.

"이길 확률이 절반 밖에 되지 않는데 싸움을 거는 건 바보나 할 짓이다. 그런 사람은 리더로서의 자격이 없다. 패배 가능성이 3할 이상인 위험은 감당하기 어려우므로 미련을 가져서는 안 된다."**32**

문제는 광속도로 움직이는 IT 세계에선 승리가 확실해질 때까지 기다리다간 때를 놓치기 십상이라는 점이다. '승산 7할'이 행동

여부를 결정하는 잣대이다. 물론 승산이 '칠'인지 아닌지를 판단할 객관적인 근거는 없다. 손정의는 "이 문제는 리더가 '머리가 터질 때까지' 고민해야 한다. 여기서 리더의 자질과 그릇이 드러난다"고 했다.

그래서 '칠'과 더불어 '정정'과 '략투'가 필요하다. 즉 산꼭대기頂에서 비전을 선명하게 세우고, 관련 정보情를 철저하게 수집해야 한다. 그리고 죽을힘을 다해 전략略을 궁리하고, 자신의 힘으로 싸워鬪 목표를 이뤄야 한다.

'7할 승부론'과 일류기업 비즈니스군群

제곱 법칙의 또 하나의 원칙인 '일류공수군'은 시대 흐름流을 선도하는 1등 기업들—을 공략攻하되 리스크 관리 같은 안전조치守를 충분히 하며, 다양한 포트폴리오로 복수의 비즈니스 라인이나 조직群을 보유해야 한다는 것이다. 2017년부터 '비전펀드'를 만들어 유망 스타트업에 집중 투자하는 것은 '일류공수군'의 발현이다.

1995년 4월, 손정의는 셸던 아델슨 회장과 만나 5분 만에 세계 최대 컴퓨터 전시회인 컴덱스를 8억 달러에 사들이기로 합의했다. 1999년 10월에는 알리바바 그룹의 마윈馬雲 창업자 겸 회장을 만나 6분여 만에 200만 달러 출자를 결정했다. 이 200만 달러는 알리바바 그룹의 주가 급등으로 수천 배 투자 이익을 가져다주었다.

2016년 영국 반도체 설계회사 암ARM을 35조원을 들여 인수할 때는 협상 개시부터 최종 합의까지 딱 2주 만에 모든 게 끝났다.

움직일 때는 바람처럼 빠르게風, 중요한 협상은 숲林처럼 고요하게, 공격할 때는 불火처럼 맹렬하게, 위기에 빠져도 산山처럼 흔들리지 않고, 싸움에서 이기면 상대를 바다海처럼 포용한다는 게 제곱 법칙의 '풍림화산해' 원칙 그대로이다.

먹잇감을 집요하게 쫓다가 승산이 보일 때 그는 번개치듯 밀어붙인다. 이것이 흉내 낼 수 없는 '속전속결 승부사' 손정의의 진면목이다. 상황이나 주변 반응에 흔들리지 않고 자신이 정해 놓은 법칙에 따라 내리는 소신의 경영! '전략가 손정의'가 외풍에 흔들리지 않고 부단히 혁신할 수 있는 원동력이다.

고비 때마다 도움 준 우군友軍들

아무리 잘 준비되고 뛰어난 기업가라고 해도 마음 맞는 동업자나 진심으로 도와주는 사람을 만나지 못하면 그 사업은 한계가 자명하다. '귀인貴人'들은 결정적인 고비마다 숨통을 틔워주며 구원투수 같은 역할을 한다. 손정의의 비즈니스 인생도 마찬가지다. 초기부터 손정의에게는 '사람 복福'이 많았다.

미국 유학시절 '다국어多國語 번역기' 발명 아이디어를 냈을 때, 그는 음성발신 분야의 권위자이던 같은 대학UC 버클리의 포레스터

모더 교수를 무작정 찾아갔다. 모더 교수는 "당신을 고용하겠다. 도와 달라"며 당돌하게 나오는 무명의 가난한 유학생 손정의를 성심껏 도와줬다. 비슷한 시기에 사사키 다다시佐木正 샤프 전무는 손정의가 만든 다국어 번역기 시제품만 보고 2천만엔을 선뜻 건네줬다. 그는 회사 사무실을 도쿄로 이사할 것을 조언했고, 자기 집을 담보로 1억엔을 빌려 자금난에 빠진 손정의에게 빌려주는 등 평생 '은인'이 됐다.

손정의는 고생의 연속이었던 창업기를 무사히 넘길 수 있도록 지원해준 사람들을 '은인'이라고 부르며 이들에 대한 감사 표시를 한다. 매년 5월이면 '은인' 10명의 집에 꽃을 보내고 회사 전체를 동원해 '은인 감사의 날' 행사를 열고 있는 것이다.[33]

소프트뱅크가 소프트웨어 유통업에서 인터넷 기업으로 성장하는데도 '인맥'의 힘이 컸다. 손정의는 1990년을 전후해 신생 벤처기업이던 마이크로소프트MS의 빌 게이츠Bill Gates·1955~ 창업자를 수차례 만나 MS 소프트웨어의 일본 독점 판매권을 따냈다. 윈도우즈, 엑셀, 파워포인트 같은 소프트웨어는 저작권 의식이 분명한 일본에서 날개 돋친 듯 팔렸다. MS의 독점 판매권을 가진 소프트뱅크 매출도 늘어 1992년 1천억엔이 넘었다. 두 사람은 1~3개월에 한 번은 꼭 만나는 사이가 됐다. 손정의는 상승세를 몰아 1994년 7월 소프트뱅크 주식공개IPO까지 성공시켜 단번에 2천억엔을 손에 쥐었다.

1980년대 중후반부터 미국 실리콘밸리에 매년 수개월씩 머무르며 미국의 신생 기술기업 창업자들과 친분을 다진 손정의는 래리 앨리슨오라클, 스티브 잡스애플, 존 챔버스시스코, 짐 클락넷스케이프, 스콧 맥닐리선마이크로시스템스 등과 친해졌다. 그러면서 실리콘밸리의 'IT 이너 서클inner circle·내부자 모임'에 자연스레 진입했다. 1994년과 95년에 손정의가 사들인 IT 미디어 회사 '지프 데이비스'와 세계 최대 컴퓨터 전시회 '컴덱스'는 인맥 확장과 정보 수집에 매우 유용했다. 미국 '야후' 본사 지분 투자 역시 촘촘한 네트워크와 정보력 덕분이었다.

2006년 4월, 휴대폰 회사 보다폰재팬을 인수한 후에도 마찬가지였다. 손정의는 요금 할인제, TV 광고와 더불어 아이폰 일본 독점 판매라는 '혁신 폭탄'을 터뜨리며 시장에 안착했다. 이 일이 한층 수월할 수 있었던 것은, 아이폰을 개발한 스티브 잡스가 1980년대 후반부터 20년 넘게 손정의와 허물없이 지내는 친구였기 때문이다. 손정의는 1980년대 후반, 자신이 세운 애플에서 쫓겨나 야인野人으로 있던 잡스를 처음 만났다. 두 사람은 벚꽃이 만개한 샌프란시스코 소재 래리 앨리슨 오라클 CEO 집 뜰에 앉아 수시로 인터넷의 미래에 대한 대화를 나누며 의기투합했고, 자택을 오가는 '특별한 친구'가 됐다.

사우디 왕세자와 회담 1분당 10억 달러 투자 합의

아이폰이 나오기 전부터 손정의는 잡스와 접촉하며 2년 가까이 설득했다. 그리고 일본 내 독점 공급권을 따냈다. 2008년 6월부터 일본에서 출시된 아이폰 효과는 대단했다. 소프트뱅크의 2009년 상반기 순이익은 전년 같은 기간 대비 72% 급증했다. 보다폰재팬 인수2006년 4월 당시 1450만 명이던 휴대폰 가입자 수는 5년 후인 2011년 6월엔 3130만 명으로 늘었다.

2016년 말, 소프트뱅크 그룹이 진 부채는 13조엔을 넘었다. 이는 도쿄도都의 1년 예산과 비슷하며, 스웨덴의 1년 국가 예산과 맞먹는 규모였다. 엄청난 빚을 진 '채무왕王' 손정의는 이번에도 '구세주'를 만났다. 사우디아라비아 실세實勢로 당시 31세이던 무하마드 빈 살만Mohammed bin Salman·1985~ 왕세자였다. 아버지 살만이 국왕에 즉위하자 30세에 국방장관 겸 국왕 특별고문에 임명된 그는 사우디 경제개발회의 회장으로 '석유 이후 시대'에 대비한 '사우디 비전 2030'을 주도하고 있다.

2016년 9월 3일, 도쿄 아카사카의 영빈관에서 10분 면담시간을 허락받은 손정의는 빈 살만에게 "1조 달러의 가치가 있는 도쿄 특산품을 준비했다"고 운을 뗐다. 그 특산품은 전 세계 유망 스타트업에 투자하는 1천억 달러 규모의 기술 펀드였다. 손정의는 "1999년부터 2016년까지 17년간 44%의 펀드 투자 내부 수익률IRR을 올렸다"고 자랑하며 펀드 참여를 제의했다. 이날 영빈관에서 예정한 10분 회담은 45분으로 늘었다. 한 달 후인 10월 13일 손정의는 사우디의 수도 리야드로 날아가 '5년에 걸쳐 소프트뱅크는 250억 달러, 사우디 국부펀드PIF는 450억 달러약 48조원를 출자해서 비전펀드를 만들기로' 합의했다. 빈 살만 왕세자는 손정의와 1분 얘기할 때마다 10억 달러 투자에 합의한 것이다. 손정의는 "1분에 10억 달러는 내 기록이 될 것"이라고 했다.

인생 후반기에도 든든한 '원군'을 얻은 것은 손정의가 순수하면서도 폭발적인 열정, 경청과 공감하는 자세, 가감 없는 실천력 같은 매력을 갖고 있다는 방증이다.

AI 시대 선도하는 300년 기업 도전하다

2019년 10월, 〈닛케이 비즈니스〉 인터뷰에서 지금까지 자신이 거둔 성과를 평가해달라는 질문에, 손정의는 "나의 실적은 아직 고만고만하다. 부끄럽다. 초조해하고 있다"고 답했다.[34] 2017년 4월 인터뷰에서도 그는 "부끄럽다. 세상에 의미 있는 일을 아직 충분히 못했다"라며 겸손해했다.

'정보혁명으로 사람들을 행복하게'라는 자신의 인생 비전큰 뜻에 비추어 볼 때 앞으로 할 일이 훨씬 더 많다는 판단에서였을 것이다. 더 정확하게 말하자면 10대부터 품은 큰 꿈을 실현시키는 진짜 승부는 지금부터가 시작이라고 그는 보고 있다. 니케쉬 아로라 Nikesh Arora·1968~ 전 구글 수석부사장을 2014년 후계자로 공식지명했다가 2년 만에 그를 전격 퇴진시키고 "10년은 더 경영을 챙기겠다"고 선언한 데서 손정의 구상의 일단이 드러난다. 그의 '인생 50년 계획'에서 '60대, 다음 세대에 사업을 물려준다'는 부분은 지키지 못할 유일한 예외가 될 공산이 커졌다.

그가 지금 최종적으로 목표 삼고 있는 일은 무엇일까? 손정의는 이렇게 말한다.

"내 자신의 사업보다는 전략적인 회사 집단을 만드는데 주력하고 있다. 비전vision을 통하여 뜻志을 공유하는 기업가들을 모으는 군群 전략으로 세력을 늘리는 것이다. '인공지능AI이 성장의 원천'이라는 공통된 비전으로 기업들을 묶은 그룹을 구축하고 있는 중이다. 얼마 전 시작했지만 커다란 가능성을 느끼고 있다."[35]

영국 ARM을 사들이고 '비전펀드'로 AI, IoT, 공유 자동차, 스마트 로봇 등 유망 스타트업에 투자하는 게 모두 이런 큰 비전에 입각한 것이다. 손정의의 이런 판단은 인류사 최대의 패러다임 시프트라는 '싱귤래리티singularity·특이점'가 최소 수십 년 내 반드시 이뤄질 것이라는 믿음에 기초하고 있다. '싱귤래리티'는 컴퓨터가 인류의 지성보다 더 똑똑해지는 단계를 뜻한다. 이 개념을 과대망상이라고 거부하는 사람들도 있지만, 인간의 두뇌세포와 비슷한 트랜

지스터를 활용하는 기술이 기하급수적으로 발전하고 있는 것만은 분명하다.

"지난 30년간 컴퓨터 계산 능력은 100만 배 증가했다. 계산은 물론 기억 용량, 통신 속도도 전부 100만 배씩 증가했다. 컴퓨터 능력이 지금부터 다시 100만 배 좋아진다면 어떻게 될까. '수퍼 인텔리전스 컴퓨터super intelligence computer·초지성' 기술의 발전으로 30년 안에 'IQ 1만의 컴퓨터 시대'가 도래할 것이다."[36]

손정의는 "30년 뒤에 IQ 1만이 아니라 3천이 될 수도 있고, 30년 아닌 50년 뒤일 수도 있다. 그건 오차 범위 내일 뿐이다. 결국은 컴퓨터가 인간보다 영리해진다"고 했다. 그런 측면에서 그가 지향하는 소프트뱅크는 어떤 특정 제조업체나 특정한 서비스 또는 비즈니스 모델을 가진 회사가 아니다. 오히려 "전 세계에 등장할 인공지능 등과 관련해 가장 뛰어난 테크놀로지, 가장 뛰어난 비즈니스 모델을 가진 회사의 파트너partner"에 가까울 것이다.

다시 백척간두 서다…'진짜 승부'는 지금부터

"소프트뱅크의 본업은 마이크로칩 제조도, 소프트웨어 판매도 아니다. 바로 정보혁명을 추진하는 것이다. 그런 만큼 나는 새로운 시대에는 '웹web형 조직'이 맞는다고 생각한다. 이 조직은 구성체들이 자율·분산·협조의 원칙에 따라 서로 맞물려서 움직인다.

각 구성체들은 적재적소에서 자기 역할을 다하며 어떤 특정 브랜드, 기술, 사업 모델에 얽매이지 않고 다른 조직과 연계해 나가기도 한다."[37]

그렇다고 손정의의 앞날은 장밋빛 탄탄대로가 아니다. 오히려 그의 모든 재산과 사업, 아니 인생 전체를 건 '백척간두'에 올라서 있는 형국이다. 지금까지 걸어온 것보다 더 심한 험로險路일 수도 있다. 일례로, 소프트뱅크와 '비전펀드 1호'는 미국의 공유 오피스 업체 '위워크WeWork'에 최근 투자했다가 위워크 한 회사에서만 154억 달러약 18조원의 손실을 입었다. 손정의의 개인 재산도 2019년 7월부터 11월까지 4개월 만에 60억 달러약 7조원 줄었다. 성공하면 엄청난 대박이지만 실패했을 경우 충격이 예전과 비교할 수 없을 정도로 커졌다. 손정의로선 그만큼 위험 관리가 힘들어진 것이다.

그래서인지 "'마이더스Midas·손만 대면 돈 버는 사람의 손孫'이 '마이너스의 손'으로 추락하고 있다", "60대인 손정의의 예지력과 판단력이 과거만 못하다" 같은 회의론과 우려가 잇따르고 있다. 26세 때 만성간염 진단을 받고 5년 시한부 선고까지 받았던 그는 죽음의 문턱에서 '왜 나에게 생명이 주어졌는가'를 치열하게 고민했다. 그러면서 그는 "생명이 다할 때까지 자신이 원하는 의미 있는 인생을 살아야 한다"는 결론에 도달했다.

'양복 입은 전사戰士'로 평생을 살아온 손정의는 지난 60여 년 동안 불어닥친 숱한 풍파와 위기를 성공과 승리로 바꾸었다.**38** 그는 앞으로도 '혁신의 마법'을 계속 발휘해 승자로 남을 것인가.

"산이라는 것은 올라가보면 등산로마다 새롭게 보이는 풍경이 있다. 5부 능선이라고 생각하는 곳까지 올라와보니 앞으로 올라야 할 산은 더욱 높고, 지금 있는 곳은 아직 등산로 입구에 지나지 않는다는 것을 발견했다. 진정한 등산은 지금부터 시작인 것이다."**39**

'300년 기업 소프트뱅크'를 향한 손정의의 진짜 승부도 지금부터다.

2

도널드 트럼프 Donald Trump

미국 건국 후 취임한 45명의 대통령 가운데 도널드 트럼프Donald Trump·1946~ 만큼 호감, 비호감이 엇갈리고 많은 구설수를 낳은 이는 드물다. 이것은 아마도 정치전문 매체 폴리티코Politico가 '최고의 질서 파괴자Disruptor-in-chief'[1]라고 명명한 것처럼, 그가 세계 유일 초강대국인 미국의 대통령이라는 직위에 부여된 고정 관념과 기존 질서를 지키기는커녕 오히려 총체적으로 파괴하고 있는 게 큰 이유로 보인다.

먼저, 트럼프는 2016년 당시 45억 달러약 5조4천억원의 개인 재산을 가진 〈포브스〉 기준 세계 324위 부자이다. 미국 역사를 통틀어 억만장자가 백악관 주인이 된 것은 그가 처음이다. 트럼프는 우리 나이로 71세이던 2016년 대통령에 당선됐다. 미국 역사상 최고령 대통령이다. 대통령이 되기 전 만 70년 동안 연방은 물론 주州, 시市 단위의 의원이나 시장, 주지사, 장 · 차관 같은 어떤 공직 경력도 없다. 군軍 복무도 하지 않았다. 생애 첫 번째 공직이 대통령인 것이다.

평생 부동산개발 사업에 몸담은 트럼프는 세계 각지에 42개의 빌딩을 포함한 부동산, 12개의 호텔, 17개의 골프장 등을 갖고 있다. 그가 운영하는 법인은 모두 480여 개2015년 기준다. 이 과정에서 트럼프는 뉴저지주 애틀랜틱시티에 카지노를 세웠다가 도산하는 등 4차례 파산했다. 그때마다 오뚝이처럼 일어섰고, 90억 달러에 이르는 막대한 채무를 협상으로 해결하기도 했다. 이런 사실은 트럼프가 맹탕이 아니라 실력과 근성 있는 인물임을 시사한다.

트럼프는 2006년 8월, 미국 경제주간지 〈비즈니스위크〉 독자들이 뽑은 '세계에서 가장 경쟁력 있는 기업인'에 올랐다. 〈비즈니스위크〉 기자들은 '세계에서 가장 경쟁력 있는 10대 기업인' 중 한 명으로 그를 선정했다. 키 190cm의 거구인 트럼프는 사생활도 유별나다. 두 번 이혼하고 세 번 결혼했는데 부인들은 모두 배우나 모델 출신이다. 그는 나이가 들수록 더 젊은 여성을 배우자로 골랐으며, 여성 편력도 화려하고 화끈했다. 일례로, 24살 연하의 현 부인인 멜라니아와의 결혼식2005년 1월 경비로만 4200만 달러약 500억원를 썼고, 그는 멜라니아에게 15캐럿짜리 다이아몬드 반지약 150만 달러·약 18억원를 선물했다.

2004년부터 2015년까지는 NBC 방송의 '어프렌티스Apprentice·견

습생'라는 리얼리티 프로그램의 진행자로 활약했다. 이 프로는 참가자들을 상대로 여러 시험을 거쳐 트럼프가 운영하는 회사 중 한 곳을 경영하는 권리와 연봉 25만 달러약 3억원를 우승자에게 주는 일종의 직업 오디션 프로그램이다. 트럼프는 후보자들을 1명씩 해고하며 마지막 회에 한 명만 남겼는데, 그가 매회 외친 "넌 해고야!You're fired!"라는 말은 국내외에 선풍적인 인기를 모았다. 이 프로그램 출연료로만 2억 달러약 2400억원를 번 트럼프는 '시청률 상승 제조기'라 불릴 정도의 유명 인사celebrity가 됐다.

미국 역사상 '최고의 질서 파괴자'

이렇게만 보면 트럼프에 대해 부동산 사업으로 돈을 많이 벌고 화류계에도 발이 넓어 즐기며 살아온 잘 나가는 백인 속물 부자 정도로 여기기 쉽다. 그런데 그에겐 특별한 측면이 하나 더 있다. 바로 자신의 사업이란 좁은 세계에만 갇혀 지내지 않고 더 넓고 다양한 이슈에 대해 고민해왔다는 점이다. 다시 말해 트럼프는 부단히 혁신하는 삶을 살아왔다. 단적인 사례가, 풍부하면서도 상대적으로 알찬 그의 저술 활동이다.

트럼프는 우리 나이로 42세 때인 1987년 〈거래의 기술The Art of the Deal〉을 낸 이후 70세 때인 2015년 〈불구가 된 미국Crippled America : How to Make America Great Again〉까지 28년 간 19권의 저서를 펴냈다.

이 가운데 상당수는 미국과 전 세계 베스트셀러 목록에 올랐다. 물론 이 책들을 트럼프 혼자 다 쓴 것은 아니다. 많은 책은 대필 작가 ghost writer의 도움을 받았다. 그러나 트럼프만큼 많은 책으로 자신이 정립한 성공 방식과 전략, 가치관 등을 일반 대중에 공개하고 소통하며 평가받아온 정치인은 드물다.

특히 그의 첫 번째 저서인 〈거래의 기술〉은 13주 연속 뉴욕타임스 베스트셀러 1위를 기록했고, 48주 동안 베스트셀러 목록에서 빠지지 않았는데, 미국에서만 최소 500만부 넘게 팔렸다. 이 책을 통해 트럼프는 미국에서 가장 성공한 기업인이자 협상가라는 평판을 굳혔다. 그의 대선 출사표이자 공약집인 〈불구가 된 미국〉도 100만부 넘게 팔렸다.

사업가, 방송인, 저술가 등으로 유명세를 탄 트럼프는 2015년 6월 16일, 트럼프 타워의 호화찬란한 엘리베이터를 타고 로비로 내려와 1시간 동안 미국 대통령 입후보 선언 연설을 했다. 그가 내건 슬로건은 '미국을 다시 위대하게!Make America Great Again!'였다. 대다수 국내외 관전자들은 그를 심심한 경선 레이스에 재미를 더해줄 '괴짜' 정도로 여겼다. 하지만 트럼프는 반反기득권층 및 반엘리트 감정을 내세우며 경선 과정에서 압도적 우위를 보였다. 이어 백인 근로자와 중서부 농업지대 등을 중심으로 강력한 고정 지지기반을 확보하며 공화당 대선 후보가 됐다. 본선에서는 힐러리 클린턴 민주당 후보를 꺾고 대통령에 올랐다.

19권 저서 낸 '별종 인간'

전 세계의 예상을 깬 놀라운 변신이었다. 그는 취임 후에는 40만 달러약 4억6천만원의 연봉을 받지 않고 전액 기부하고 있다. 공식 행사 건배도 와인 대신 다이어트 콜라diet coke로 한다. 트럼프가 역대 대통령이나 기성 정치인과 판이한 '별종別種 인간'임을 보여주는 대목들이다.

"워싱턴 D.C.는 교착 상태의 중심지가 되었다. 워싱턴은 오래 전부터 폐업 세일을 하고 있다. 그러니 대통령과 연방 의회에 대한 지지도가 대단히 낮을 수밖에 없다. 또 전 세계의 우방과 적국에게 발휘하던 영향력과 그에 따른 기본적인 존경심을 잃을 수밖에 없다."[2]

대통령 출마 선언 5개월 후에 트럼프가 정책 비전을 담아 펴낸 〈불구가 된 미국〉에서 워싱턴 정치에 대해 내린 진단이다. 공화·민주당과 로비스트, 이익집단, 주류 미디어 등이 주무르는 워싱턴 정치의 작동 구조를 바꿔야 할 필요성을 역설한 것이다. 그가 몰고 온 변화 바람은 백악관의 소통 방식 변화에서 가시화되고 있다.

백악관 대변인이 TV 카메라 앞에서 하는 일일 정례 브리핑 빈도가 크게 줄고, 대신 매일 아침부터 밤늦게까지 트럼프가 수시로 직접 올리는 트위터twitter가 주요 소통 수단이 된 것이다. 트위터는 최장 140자 이내의 단문형 소셜미디어로, 페이스북 등과 비교해 빨리 많은 사람들이 내용을 한꺼번에 볼 수 있다는 게 장점이다.

2012년 처음 트위터를 시작한 트럼프는 취임 전에도 음모론과 거짓 정보, 극단적 콘텐츠 등을 퍼뜨려 정치적으로 유리한 입장에 서기 위해 그것을 자주 이용했다. 대통령이 되면 달라질 것이라는 일부 예상도 있었지만 그는 취임 첫날부터 트위터로 인사했고, 3일 만에 정적政敵을 공격하는 트윗을 날려 세계를 놀라게 했다. 대통령 취임 100일 동안에는 라이벌들과 '밀월 관계'를 유지한다는 미국 정가의 관행을 깬 것이다.

첫 6개월 하루 평균 5.23건이던 그의 트윗 건수는 2019년 상반기 9.46건으로 늘었다.[3] '우크라이나 스캔들'로 탄핵 논의가 불거진 2019년 10월 둘째 주에는 하루 평균 38건의 트윗을 날렸고, 같은 해 12월 12일에는 아침부터 밤늦게까지 115번에 걸쳐 트윗과 리트윗을 했다. 가히 '트위터 총사령관Tweeter-in-chief' 수준이다. 2018년 5천만 명이던 그의 트윗 팔로우는 1년 만에 6600만 명으로 급증했다.

트럼프는 보좌진이 없는 오전 6시부터 오전 10시 사이에 하루 전체 트윗의 절반 정도를 올린다. 트윗으로 국무·국방·법무장관 등 핵심 각료 파면 사실을 알리고, 야당·언론매체에 대한 공격은 물론 동맹국에 대한 불만 표출과, 다루기 힘든 관료들을 공개적으로 창피주기도 한다. 댓글을 유심히 살펴보며 트위터를 사설 여론조사 기관처럼 활용하기도 한다.

하루 115건 '폭풍 트윗'의 경쟁력

트럼프가 취임한 2017년 1월 20일부터 2019년 10월 15일까지 올린 트윗 건수는 1만1390건에 달한다.[4]

그는 "트위터는 나에게 있어서 소통하는 가장 현대적인 방법"이라고 말한다. 전임 버락 오바마 대통령은 주로 정책의 결과나 결론을 알리는 용도로 트위터를 썼다. 그러나 트럼프는 "나는 어떤 사안을 신중하게 고민한 뒤 트위터 글을 올리는 게 아니라 내 메시지를 모든 곳에 즉시 알려지게 하는 게 목적"이라고 말한다. 트윗이란 소셜미디어로 고도의 국내 정치·외교 행위를 하는 동시에 인사事, 인기 관리 등도 하는 것이다. 트럼프는 자신이 '트위터광狂'이 된 배경을 이렇게 밝혔다.

"성과를 내려면 분명한 관점으로 국민들의 이해와 지지를 얻을 수 있도록 메시지를 퍼트리는 법을 알아야 한다. 그래야 특수 이익집단들이 원하는 결과를 돈으로 얻어내고 우리를 갈라놓지 못한다. (중략) 나는 언론이 가진 좌파적 편견을 이겨내고 국민들의 마음에 직접 호소하는데 성공했다. 적어도 그렇게 하려고 노력했다."[5]

자신이 국민들 및 외국과 직접 소통해 영향력을 극대화하며 정국 장악력을 놓치지 않겠다는 본능적 욕구와 더불어 주류 미디어와 이익집단 등에 대한 불신이 그의 심중에 깔려 있다. 트럼프는 실제로 뉴욕타임스, 워싱턴포스트, ABC, CNN 같은 주류 미디어를 '딥 스테이트'Deep State·선거로 집권한 정부〈state〉보다 더 깊숙한 곳에서 국가 운영을 조종하는 '그림자 정부'라는 뜻라고 부르며 비난하고 있다.

일례로, 그는 2011년에 쓴 저서 〈트럼프, 강한 미국을 꿈꾸다 Time to Get Tough〉에서 조지 스테파노풀러스ABC 방송 '굿모닝 아메리카' 사회자, 척 토드NBC 방송 '밋 더 프레스' 진행자, 찰스 크라우트해머FOX 뉴스 해설자 같은 주류 매체 유명 인사들이 자신은 조롱하거나 이용하면서 진보적 성향의 오바마는 무조건 편애하는 부정직한 엉터리 언론이라고 주장했다.**6**

여기서 다른 나라 지도자들은 왜 트럼프처럼 실시간 트위터 사용에 적극적이지 않나 하는 의문이 든다. 그것은 아마도 트위터에 띄우는 단어 하나, 부호 하나, 표현과 짧은 글의 어감 하나가 어떠냐에 따라 국가 이익이 휘청거릴 수 있는 위험한 사태를 두려워하기 때문으로 보인다.

다시 말해 어느 나라이든 대통령이나 국가 원수가 직접 그것도 매일 하루에 여러 차례 '트윗 폭풍'을 하려면 자신감과 실력, 즉 내공內功이 있어야 한다. 그런 점에서 트럼프는 남다른 측면이 많다.

그는 "메시지를 전달할 때나 편지를 쓸 때, 점심 메뉴를 주문할 때 등 모든 일상 업무에 나는 본론만 압축하는 기술을 적용했다"며 "사람들이 문장을 가다듬고 있을 동안 나는 책 한 권을 완성한다. 나는 계약을 맺기도 전에 머릿속에 모든 진행을 마친다[7]고 했다. 경쟁자보다 훨씬 빨리 전체 맥락을 파악하고 압축적으로 정리하는 등 시간·속도와 싸우는 노력을 해왔다는 것이다.

트럼프는 말한다. "무엇을 말하든지 짧게 빨리 본론만 얘기해야 한다. 나는 3분 안에 모든 걸 보고하는 훈련을 해왔다. 5분 이내로 프리젠테이션할 수 있도록 훈련하라. 끊임없이 자신에게 '얼마나 더 간결해질 수 있을까?'를 되물으며 자신과 경쟁하라."

중국·동맹관계·이민…'싸움 방식' 대혁신

백악관 내부 관계자들도 트럼프의 빈번한 트윗 사용을 줄이려고 많은 시도를 했다. 그러나 트럼프는 '트위터 정치'의 빈도를 더 늘리고 있다. 나름의 자신감과 능력이 없다면 불가능한 일이다. 그의 트윗 활동에 대해선 '보통사람들을 이해하는 대통령'으로서 정보 소통의 민주화를 이뤘다는 견해와 함께 공·사公·私 의견을 뒤섞어 혼란을 초래하고 노골적인 편 가르기로 미국과 우방의 이익을 해친다는 혹평이 엇갈린다. 그래도 '트위터 정치'가 트럼프의 혁신성을 보여주는 사례인 것만은 분명하다.

정재호 서울대 미중美中관계연구센터 소장은 도널드 트럼프 행정부의 특징에 대해 "한 마디로 'CIA 정부'"라며 "뛰어난 싸움꾼인 트럼프가 1980년대 레이건 정권 이후 대외 정책에서 눈에 띠게 다른 변화를 시도하고 있다"고 말했다.[8] 'CIA 정부'란 트럼프 국내외 정책의 핵심 과제인 '중국China, 이민移民·Immigration, 동맹Alliance' 세 개의 머리글자를 따 만든 말이다.

트럼프는 먼저 중국에 대해 2018년 7월 대미對美 수출품 500억 달러에 대한 25% 관세 부과를 시작으로 무역 전쟁을 점화해 기술 전쟁, 환율 전쟁으로 전선戰線을 넓혔다. 또 불법 이민을 막기 위해 '대통령 선거 공약 1호'로 중남미와 미국 국경에 길이 509마일약819km에 달하는 장벽 건설을 내걸었다. 그는 국방 예산을 전용轉用하면서까지 장벽 건설을 강행한다.

'세계의 경찰'이란 명분보다 '돈'을 앞세우며 전통 동맹국인 유럽과 한국, 일본에 대해 대폭적인 방위비 인상과 책임 있는 참여를 요구하고 있다.

온실가스 배출 감소를 위해 전 세계가 참여하는 파리기후변화협약에서도 탈퇴했다. 그의 이런 일방적인 정책 추진에 대해 미국 안팎에서 비판이 제기되고 있다. "2020년 대통령선거 승리를 목표로 하는 트럼프에겐 동맹도 적도 없고 오직 대결에서 승리만 있다", "신고립주의와 신보호주의적 정책들이 미국의 쇠퇴를 앞당길 뿐"

이라는 지적들이 대표적이다.

미국이 40년 가까이 중국의 경제 발전을 가장 앞장서 도와왔고, 전 세계 동맹국들에게도 수십 년간 혜택을 베풀어왔다는 점을 감안하면 트럼프의 'CIA' 정책은 거꾸로 가는 혁명적 변화에 속한다. 그렇다면 트럼프는 왜 'CIA' 정책을 추진하고 있을까?

"처음 이 책을 쓸 당시2011년만 해도 국가 부채 규모가 15조 달러였다. 그런데 지금2015년은 18조 달러를 넘어 20조 달러를 향해 가고 있다. 미국의 위정자들이 기적적인 방법을 찾아 하루도 쉬지 않고 매일 10억 달러씩을 비축한다고 해도 그 부채를 다 갚는데 족히 38년은 걸릴 것이다. (중략) 나는 사업하는 사람이다. 사업하는 사람으로서 미국이 온갖 국가한테 바보처럼 당하는 모습을 보면서 세계의 호구로 전락했구나 하고 느낄 때가 한두 번이 아니었다. 세계의 경찰이라는 허울 좋은 핑계로 이런저런 치다꺼리는 다 하면서도 고맙다는 말을 듣기는커녕 실속 없이 남 좋은 일만 실컷 한다며 조롱만 받고 있다."[9]

"더 이상 '세계의 호구'여서는 안 된다"

그는 4년 만에 국가 부채가 4조 달러나 급증할 정도로 미국은 심각한 위기에 처해 있다고 규정했다. 직전 8년 동안 미국을 이끈 버락 오바마 대통령은 명분에 사로잡힌 채 무능한 협상력으로 미국의 국가 이익을 못 챙겼다고 비판한다. 이로 인해 지금 미국은 중국에 추월당하는 것은 시간문제이며, 세계 각국의 호구虎口·어수룩하게 이용만 당하는 사람 또는 국가가 됐다는 것이다. 미국 정부는 가장 위협적인 중국을 다루는데 실패했다고 트럼프는 강조한다.

"중국의 힘은 우리가 생각하는 것 이상으로 막강하다. 중국의 경제력이 얼마나 대단한 위력을 발휘할지 그리고 위력이 미국 경제에 얼마나 큰 손해를 입힐지 가늠하기 어렵다. 2027년쯤이면 중국이 미국을 제치고 세계 제일의 경제대국으로 부상할 것이다. (중략) 2001년부터 2008년까지 미국은 중국 때문에 240만 개의 일자리를 잃었다. 지난 30년 동안 중국 경제는 매년 9~10%의 성장률을 기록한 반면, 미국은 전례 없는 하락세를 경험했다. 2011년 1분기에만 중국 경제는 9.7% 성장률을 기록했으나 미국 경제는 1.9%에 그쳤다."[10]

트럼프는 이어서 말한다. "중국의 지도자들은 만면에 웃음을 띠고 우리를 대하고 있으나 중국은 절대 우리의 친구가 아니다. 나는 그동안 중국을 우리의 적이라고 규정했다. (중략) 미국이 다시 1등 국가가 되려면 더는 우리를 가지고 놀지 못하도록 중국에 강경하게 나갈 수 있는 사람, 또 중국의 술수에 휘둘리지 않는 단호하고도 능수능란한 협상력을 지닌 사람이 필요하다."[11]

1980년 미국의 11%에 불과했던 중국의 경제력GDP 기준이 2017

년에 66%로 치솟자, 트럼프는 이듬해 7월 대對중국 무역·경제 전쟁의 방아쇠를 당겼다. 그는 중동 국가들과 세계 12위 경제대국인 한국에 대해서도 미국이 당당한 목소리를 내며 세게 나가야 한다는 입장이다.

"대통령은 다른 국가 상대로 국가 이익 챙겨야"

OPEC석유수출국기구 주도로 석유 가격을 담합해 고유가 정책을 펴며 자국 방위는 미국에 의존하는 중동 국가들의 행태를 더 이상 방치할 수 없다는 것이다. 자국 내 원유 채굴 증산과 OPEC에 대한 강경 대응으로 미국 내 일자리는 늘리고 중동에 대한 방위비 부담과 개입을 줄이자고 주장했고, 이런 시각은 집권 후 정책으로 실현됐다.

"중국은 마치 샌드백을 두드리듯 매일 우리를 두들겨 패고, OPEC은 우리 지갑을 탈탈 털어간다. 일자리도 사라지고 있다. 상황이 이러한데 대체 대통령이란 사람은 어디서 무엇을 하고 있는가?"**12**

트럼프는 강조한다. "대통령은 미국을 대표하는 최고 협상가의 역할을 해야 한다는 것이 내 생각이다. 다른 국가를 상대로 미국의 이익을 챙기는 일종의 협상 중개인의 역할을 해야 한다. 대통령의 임무는 공정하고 자유로운 시장 경제가 번성하는 환경을 만들고,

민간 부문에서 일자리를 창출해 경제를 활성화하는 것이다. 대통령이 유능한 협상가가 되어 국가에 도움이 되는 방향으로 거래를 성사시킨다면 미국은 다시 일어설 것이다."[13]

미국의 유명 심리학자들과 정신과의사들 가운데는 트럼프를 '병적인 나르시시스트', '억제되지 않는 극단적 현재 쾌락주의자', '인지 장애자'라고 혹평하는 이들이 제법 많다.[14] 애런 제임스Aron James 캘리포니아대 교수는 "트럼프는 왕성하고 휘황찬란하게 모욕을 해댄다. 트럼프 본인도 인정하듯이 나오는 대로 말하는 대단한 허풍쟁이Bullshitter다"고 했다.[15] 그가 국가 간 협상에서 유리한 입지를 다지기 위해 일부러 '미치광이 전략Madman Strategy'을 구사한다는 분석도 있다. 트럼프의 발언들을 보면 그는 일시적인 감정이나 충동에 따라 'CIA' 정책을 펴거나 협상을 하는 게 아니다. 일관된 목표를 갖고 움직이는 게 분명하다. 트럼프는 말한다.

"우리에게는 문제를 해결할 방법을 알고 있고, 미국을 더 안전하고 더 강하고 더 자유로운 국가로 만들고, 상대국이 아니라 우리 조국에 이득이 되는 방향으로 거래를 성사시킬 수 있는 그런 대통령이 필요하다."[16]

이 말은 '대통령 트럼프'가 하는 모든 일거수일투족은 21세기 미국의 부흥과 국가 이익, 즉 '미국 우선주의America First'라는 목표에 맞춰져 있다는 얘기이다. 트럼프는 이를 위해 50여 년간 비즈니스 현장 경험과 독서로 체득한 협상술과 기만술을 수시로 구사한다. 당연히 막말이나 허세, 거짓말도 한다. 이런 행태를 놓고 트럼프를 마음껏 경멸하고 조롱하는 것은 자유이지만, 그의 실체實體를 제대로 짚은 것은 아니다.

2019년 10월 16일로 트럼프는 대통령 취임 1000일을 맞았다. 임기4년의 70% 정도를 보낸 그에 대한 미국 국민들의 평가는 어떨까? 트럼프는 하원에서 탄핵안이 가결된 미국 역사상 세 번째 대통령이 됐지만 국정 수행에선 호평받고 있다. 무엇보다 경제 상황이 양호해서다. 임기 3년째인 2019년 미국 실업률은 1969년 이후 50년 만에 최저를 기록했고, 주가株價도 사상 최고치를 갈아치우고 있다.

3년 내내 40~45% 콘크리트 지지율 유지

미국의 2019년 2분기 국내총생산GDP 성장률은 한국보다 높은 2%대를 기록했다. 하지만 '대통령 자질이 미흡하다'는 부정적인 평가도 나온다. 습관적인 그의 무분별한 언행과 극단적 정책은 미국의 국제적 위상을 떨어뜨리고, 정치적·사회적 분열을 더 심화시키고 있다는 이유에서다.

웹사이트 '리얼클리어 폴리틱스RealClear Politics'가 지난 1000일 동안 900여 차례 정치여론조사를 집계한 '트럼프 대통령 직무 수행

President Trump Job Approval' 평가를 보면 거의 변하지 않는 상태다. 취임 초기 40% 중반에서 시작해 첫해 말 37%대까지 떨어지기도 했지만 둘째 해2018년부터는 계속 40%대를 유지했다. 2019년 11월 첫째 주 현재 40% 중반43.6%을 기록하고 있다.**17** '갤럽' 여론조사를 보면 2019년 민주당 지지자들의 트럼프 지지도는 10% 선이나, 공화당 지지자들의 트럼프 지지도는 일관되게 90%대를 유지하고 있다.

인종차별 · 여성혐오 발언을 서슴지 않고, 기성 주류 미디어를 '국민의 적敵'으로 공격하는데도 백인 노동자들을 주축으로 한 핵심 지지층은 오히려 트럼프에게 열광하고 있다. 어떤 악재에도 트럼프가 40~45%대의 콘크리트 지지율을 2년 넘게 유지하고 있다는 사실은 '트럼프 신봉자'들이 미국 안에 상당히 많음을 증명한다. 미국 주류 언론 매체가 트럼프에 대해 경멸과 조롱 위주 보도를 하는데 비해 현장의 실상은 크게 다르다는 얘기다.

트럼프는 뉴욕 포덤대를 거쳐 세계 최고 경영대학원 중 하나인 펜실베이니아대 와튼경영대학원Wharton School of Business을 졸업했다. 그의 발언과 저서, 행적을 추적해보면 트럼프는 뛰어난 지적 능력과 분명한 세계관과 전략적 사고를 갖추고 있다. 트럼프는 중고교 시절 5년을 뉴욕군사학교New York Military Academy·약칭 NYMA에서 보냈다. 웨스트포인트WestPoint·미국 육군사관학교 근처에 있는 NYMA는 기숙형 사립학교로 규율이 매우 엄격한 곳이다.

1959년 만 13세 때 이 학교에 입학한 그는 상급반으로 올라가서 야구팀 주장을 맡을 정도로 잘 적응했다. 그는 "NYMA에서 규율과 투쟁적인 성격을 실행으로 옮기는 방법을 배웠다"고 했다.[18] 1960년대 초반 가혹한 신고식과 폭력이 난무하던 군사학교에서 리더십을 발휘하며 성적도 우수했다는 사실은 여러 가지를 암시한다. 전임 대통령인 버락 오바마나 빌 클린턴, 조지 W 부시 등보다 거칠고 경쟁적인 분위기에 단련된 '터프 가이tough guy'이며, '승리'에 대한 욕망이 강하며 잡초 같은 생존력을 갖고 있다는 방증이다.

술·담배 않는 대신 독서·사색

유약한 성격에 술, 담배에 젖어 살다가 43세에 세상을 떠난 큰형 프레디 트럼프의 좌절은 트럼프에게 또 다른 의미에서 교훈을 주었다. 그 영향으로 트럼프는 지금까지 술, 담배를 일절 하지 않고 있다. 초등학교 때부터 공격적이고 단호한 아이였으며, 자립심이 강했고 항상 리더로 군림하려고 했던 트럼프는 아버지를 따라 공사 현장을 다니면서 부동산 개발 관련 일을 배웠다. 1968년 대학 졸업 후 부동산 임대료를 수금하는 일로 세상 물정을 익힌 그는 1971년 아버지의 뒤를 이어 가업을 떠맡았다. 트럼프가 한 첫 번째 일은 아버지가 벌여놓은 사업체들을 '트럼프 오거니제이션The

Trump Organization'으로 통합하는 것이었다.

이때 트럼프는 하루에 3~4시간만 자면서 일에 몰두했다고 한다. 또 바쁜 일정 가운데 짬을 내 '자기 관리'에 열심이었다. 그는 주로 아침 출근 전과 퇴근 후 시간을 활용했다.

"나는 보통 새벽 5시에 일어나 그때부터 2~3시간 동안 지역, 전국, 국제지를 가리지 않고 온갖 종류의 신문과 잡지를 읽는다. 저녁에 집에 돌아온 뒤에는 책, 보통은 자서전을 읽는데 이따금씩은 철학자들의 이야기도 즐겨 읽는다. 소크라테스의 책을 특히 즐겨 본다."[19]

"나는 매우 바쁜 삶을 살지만 날마다 아침저녁으로 마음의 평정을 위해 깊이 생각하는 시간을 갖는다. 비즈니스를 하면서 나는 내 삶의 미션이 매일 최상의 한계까지 능력을 발휘하는 것임을 발견했다."[20]

트럼프는 출근 전에 읽고 들은 정보들을 재빨리 머릿속으로 취합한 후 이를 현재 사업이나 앞으로 진행할 계약에 적용할 방법을 궁리했다. 그리고 매일 밤 10시만 되면 침대에 들어 보통 새벽 1시까지 책을 읽었다고 한다. 트럼프는 "하루 종일 새로운 정보를 업데이트한다. 오늘날은 그 어느 때보다 정보가 중요하다. 많이 아는 자가 주도권을 차지한다. 두뇌의 힘은 위기 속에서 강력한 지렛대 작용을 한다"고 강조한다.[21]

그는 트럼프 타워를 완공한 다음에는 집과 사무실이 한 건물 안에 있어 출퇴근 시간이나 교통 체증을 걱정할 필요가 없는 점을 활용해 사색과 독서에 힘썼다. "일주일에 일정 시간을 고전문학이나 역사 등 일상적인 범위 밖의 것을 탐구하는데 투자하라. (중략) 세계 정세에 꾸준히 관심을 기울이는 것은 현대인들에게 반드시 필요한 노력이며, 이런 공부는 창조적인 사고력을 키우는데 도움이 된다."**22**

"고전문학·세계정세에 관심 가져라"

이런 노력으로 통찰력과 선견지명을 갖출 수 있게 됐다고 그는 밝혔다. 트럼프는 "선견지명은 가장 무서운 힘이다. 나는 '최고의 시력은 통찰력이다'는 맬콤 포브스Malcolm Forbes·1919~1990·〈포브스〉 창업자 겸 CEO의 말을 신봉한다"며 자신의 선견지명이 인정받은 사례 두 가지를 소개했다.

"2006년 10월 12일, 로버트 기요사키와 함께 쓴 〈부자Why We Want You to be Rich : Two Men-One Message〉의 출간 파티가 트럼프 타워에서 열렸다. 마침 2006년도 노벨 문학상 수상자가 발표됐다. 나는 2005년 〈뉴욕타임스〉에 존 업다이크, 필립 로스와 나란히 오르한 파묵Orhan Pamuk·1952~·터키의 소설가로 2006 노벨 문학상 수상을 매우 재능 있고 뛰어난 작가라고 평가했었다. 그 날 사람들이 그 사실을 기억하고 내가 노벨상 심사위원단보다 먼저 수상자를 알아냈다며 축하 메시지를 보내왔다. 그 일로 나는 선견지명을 가졌다는 칭찬을 듣게 됐다."[23]

"2008년 9월 중순, 월스트리트에서는 유례없는 사건미국발 글로벌 금융위기이 벌어졌다. 당시 닐 카부토Neil Cavuto·1958~·FOX 뉴스의 경제 뉴스 프로그램 진행자가 나에게 그 사태에 대한 종합적인 평가를 내려달라고 부탁했다. 시장 폭락이 생기기 8개월 전에 나는 이미 그의 프로그램에 출연해 그런 날이 올 것을 예견했고, 닐은 당시 방송 내용을 자료화면으로 준비했다. 나는 8개월 전부터 미국 경제가 힘든 시기를 맞게 될 것임을 내다보고 있었다."[24]

"완벽한 준비와 분석 마친 다음 싸운다"

트럼프는 자신이 쓴 여러 책에서 신규 투자나 사업을 하면서 얻은 교훈으로 '철저한 사전 준비'를 강하게 주문한다. "하룻밤 새에 성공한 사람은 거의 없다. 세상은 그렇게 만만치 않다. (중략) 거기서 나는 자연스럽게 사전 준비하는 법을 배웠다. 사전 준비는 생산성을 높이기 위한 과외 코스가 아니라 필수과정이다."[25]

그는 대중 연설도 치밀하게 준비한다. 청중의 수준을 분석하고 수준에 맞는 사례나 예시를 들어 그들의 이목을 집중시키려 한다. 어휘도 단순하고 직설적인 것만 골라 알아듣기 쉽게 한다. 청중을 매료시키는 좋은 연설을 하기 위해 트럼프는 대중 연설의 11가지 원칙을 세워 놓고 있다.

대통령 후보 출마도 오랜 기간 '계산'과 '준비' 끝에 결심했다. 1988년 '오프라 윈프리Oprah Winfrey 쇼'에 출연한 트럼프는 윈프리로부터 대통령 선거 출마 가능성을 질문 받았다. 대답은 이랬다. "제가 출마하면 당선될 것 같아요. 지는 것은 시작도 하지 않아요. 평생 시작해서 진 것이 없어요. 만일 시작하기로 마음먹으면 나는 승리할 가능성이 아주 높다고 생각합니다."

언제일지는 몰라도 성공 가능성이 무르익었다고 판단될 때 출마할 것이며, 그때는 반드시 당선되도록 하겠다는 속마음을 드러낸 것이다. 트럼프는 미국 정가에서 1987년부터 2012년까지 대통령 물망에 계속 오르내렸다. 스스로도 출마 후 성공 여부를 저울질했다. 그러다가 2015년 대선 출마 선언 전, 그는 10억원을 들여 대선 출마 승패 여부에 대한 조사를 했고, 승산이 높다는 결론이 나오자 행동으로 옮겼다.

기독교 집안에서 태어나고 성장한 트럼프는 지금도 기독교 신자이다. 그래선지 "지금까지 쓰여진 많은 책 가운데 단연 가장 중요한 책은 '성경Bible'이다"고 말한다. 하지만 그가 애독서로 꼽으며 미국인들에게 읽기를 권하는 책은 다르다. 2500여 년 전 중국의 손무孫武가 써서 나폴레옹과 더글러스 맥아더 같은 군인들에게 큰 영향을 미친 〈손자병법The Art of War〉이다.[26] 그는 2010년 낸 저서 〈최선을 다한다 하지 말고 반드시 해내겠다 말하라Think like a Champion〉에서 이렇게 말했다.

"내가 추천하고자 하는 책은 손무의 〈손자병법〉이다. 이 책은 경영 전략에 큰 도움이 되는 책이다. 기원전 6세기에 쓰여진 군사병법 책이지만 몇 세기 동안 수많은 지도자들에게 영향을 끼쳤다. 이 책은 인생에서 정말 중요한 가치를 담고 있으므로 반드시 읽어보라. 이와 유사한 책 중에 마키아벨리의 〈군주론The Prince〉이라는 유명한 책이 있다. 이 책이 말하는 리더십과 권력은 부정적인 면이 있으며, 윤리와 신뢰라는 중요한 가치들을 간과하고 있다. 따라서 〈손자병법〉을 읽는 편이 당신의 미래를 위해 훨씬 유익할 것이다."[27]

〈손자병법〉의 요체는 두 가지로 '싸우지 않고도 이기는 것'과 '전쟁은 상대방을 속이는 것'이다. 이를 위해 피아彼我의 실력을 정확하게 파악하고, 싸워 이길 조건을 만들어 놓은 뒤 싸우고, 꼭 싸워야 할 때는 정상적인 실력 요소[正]만이 아니라 기만술·위협·허풍 같은 변칙[奇]도 적극 구사하는 게 장수의 본분이라고 주장한다.

트럼프는 자신의 트위터에 〈손자병법〉 구절을 올릴 정도로[28] 이 책에 매료돼 있다. 이런 사실은 그가 비즈니스 현장에서는 물론 대통령 취임 전후 국내 정치와 대외 관계 등에서 〈손자병법〉에 기반한 전략·전술을 펴고 있음을 강하게 시사한다.

표적 공격과 기만술 등 '변칙 전략' 구사

트럼프는 북한 핵문제 대응에서 〈손자병법〉의 가르침을 연상시키는 기만술欺瞞術을 보였다. 2017년 초, 북한이 연이어 미사일 도발을 감행하자 트럼프는 이에 맞서 핵 추진 항공모함인 칼빈슨호號를 한반도로 향하게 했다고 언론 인터뷰에서 밝혔다. 북한의 도발에 대한 강력한 응징 의지를 보여준 것으로 전 세계가 주목했지만 칼빈슨호는 북한을 향하고 있지 않았고, 실제로는 북한에서 5600km 떨어진 해역에 있었다.

중국 관영 〈환구시보環球時報〉는 이와 관련해 "북한 열병식에 등장한 전략 미사일이 비어 있는 미사일 발사관이라는 의혹을 받는 것처럼, 트럼프 대통령도 '공성계空城計'를 펼쳤다"고 했다. 공성계는 아군이 열세일 때 방어하지 않는 것처럼 꾸며 적을 혼란에 빠뜨리는 전략으로, 〈손자병법〉에서 권하는 기만술의 하나이며 중국 고대 병법서인 〈36계〉 가운데 제32계이다.

트럼프는 2015년 여름 공화당 당내 경선에서 지지율 1위를 달리던 젭 부시Jeb Bush 전 플로리다 주지사를 단숨에 제압하는데도 손자병법식 전략을 적용했다. 젭 부시는 아버지와 형이 모두 대통령을 지낸 정치 명문가 출신으로, 1천억원이 넘는 정치 자금을 경선 과정에 뿌렸었다. 그런데 트럼프에겐 왜 적수가 되지 못했을까?

트럼프는 "젭 부시가 에너지가 없고low-energy 유약하다"며 그의 약점을 집요하게 부각했다. 그 해 8월 중순 워싱턴포스트WP와의 35분짜리 인터뷰에서는 다른 공화당 경선 후보들에 대해서는 언급도 하지 않으면서 젭 부시만을 표적으로 삼아 무려 33차례나 그를 집중 공격했다.

트럼프는 2008년 세계 금융위기 때 파산한 리먼브러더스Lehman Brothers·미국의 대형 투자은행에서 젭 부시가 연봉 130만 달러약 15억원를 받는 고문을 맡았다는 사실을 포함해 부시의 언행, 과거 경력부터 부시 가문에 이르기까지 인신공격에 가까운 비난을 퍼부었다. 그는 부시 전 주지사의 지적능력에 대해 "똑똑하지 않은 것 같다. 부시의 인터뷰를 봤는데 질문을 이해하지 못하는 것 같더라"고 노골적으로 깎아내렸다. 또 그의 경제정책 입안 능력과 관련해 "리먼에서 한 일을 보라"며 "자기 앞가림도 못하는 인간이 무슨 경제정책을 논하겠느냐"고 비판했다.

한마디로 부시 전 주지사가 대선 후보로서 "수준 이하"라며 "내가 많은 거래를 통해 많은 사람을 분석해봐서 아는데 부시는 사람은 좋지만 미국을 다시 번창하게 할 사람은 아니다"고 강조했다. 트위터를 통해 "부시의 어머니도 부시 전 주지사가 출마해서는 안된다고 했다"며 송곳 같은 공세를 계속했다. 이에 젭 부시는 제대로 된 반격조차 못하고 무너졌다.

"싸워야 할지 말아야 할지를 아는 자"

젭 부시는 트럼프에게 분명 까다로운 상대였다. 하지만 그의 내실이 의외로 허술한 것을 간파한 트럼프는 화력을 집중해 반드시 이기겠다는 목표를 정했다. 그래서 동원한 게 〈손자병법〉의 "공격은 이길 수 있을 때 한다可勝者 攻也", "먼저 승리를 빼앗기지 않게 준비하고 이길 기회를 기다린다先爲不可勝 以待敵之可勝"였다.

〈손자병법〉은 또 "옛날에 전쟁을 잘했던 사람은 쉽게 이길 수 있는 전쟁에 이긴다古之所謂善戰者 勝于易勝者也"고 했는데, 트럼프는 젭 부시와의 결전을 '쉽게 이길 수 있는 전쟁'으로 만들었고 결국 승리를 쟁취했다.

손무孫武는 '싸움을 잘하는 사람일수록 그 기세가 맹렬하고 순간적인 기회를 포착해야 하고, 다 이긴 싸움일수록 사납게 흐르는 물과 같은 기세로 제압하라'고 주문했다. 2016년 대통령 선거 본선에서 힐러리 클린턴Hilary Clinton 민주당 후보와 대결하게 된 트럼프는 손무의 가르침을 따라했다. "쏟아지는 계곡물이 바위를 떠내려가게 하는 것처럼, 싸움을 잘하는 사람은 그 기세가 맹렬하고 빠르다激水之疾 至于漂石者 勢也 故善戰者 其勢險 其節短"는 〈손자병법〉 구절대로 강력하고 맹렬한 '세勢'로 공격을 퍼부었다.

그는 세 차례 진행된 TV 토론에서 힐러리가 공직에 있는 동안 저지른 잘못들 - 리비아 벵가지의 미국 영사관 테러 사건 때 600

번이 넘는 구조요청을 무시해 4명의 인명 손실 초래, 공무에 개인 이메일 서버를 사용하고 3만여 건의 이메일을 영구 삭제 등 - 을 집중 추궁하며 "내가 당선되면 당신은 감옥에 가게 될 겁니다"며 맹공을 가했다.

2016년 10월 9일 열린 힐러리 클린턴과의 2차 TV 토론의 경우, 트럼프는 무대 절반을 활용하며 클린턴이 얘기할 때도 사자처럼 그의 주변을 어슬렁거리며 돌아다녔다. 이는 클린턴보다 자신이 더 강하고 건재하며 공격할 에너지가 넘친다는 이미지를 심으려 의도된 '보디랭귀지body language 전략'이었다. 반대로 클린턴은 청중에게 다가가 얼굴을 맞대고 얘기하면서 트럼프가 말할 때는 조용히 의자에 앉아 경청했다.

강렬하고 저돌적인 기세로 공격하는 트럼프의 모습은 유권자들에게 강한 인상을 남겼다. 반대로 즉답을 회피하며 소극적인 자세로 일관한 힐러리의 태도는 회의감을 확산시켰고 결과는 힐러리의 패배였다.

트럼프는 자신이 어떻게 〈손자병법〉을 읽게 됐으며 어떤 방법으로 현장에 응용하는지에 대해 밝힌 적이 없다. 하지만 그는 〈손자병법〉에서 강조하는 장수가 갖춰야 할 승리의 5가지 조건 중 하나인 '싸워야 할지 말아야 할지를 아는 자知可以與戰不可以與戰者'이다. 또 적상대방과의 싸움을 할 때 어떻게 싸워야 하며, 어떻게 이기는지를 잘 알고 있는 리더이다. 수많은 협상과 거래에서 트럼프가 승리할 수 있었던 원동력 중 하나는 〈손자병법〉에서 그가 터득한 전략적 사고戰略的 思考이다.

간결·신속·핵심 찌르는 트럼프 언어의 마력

"루비오는 돼지같이 땀을 흘린다."

2015년 9월 미국 CNN이 마련한 공화당 대통령 예비후보 토론회에서 트럼프가 한 말이다. 미국 대통령 후보 예정자로선 과거에 상상도 못한 상스러운 말을 트럼프는 TV 화면 앞에서 당당하게 했다. '공화당판 오바마Republican Obama'로 불리는 마르코 루비오Marco Rubio·1971~는 차세대 유망주로 꼽히는 미국 상원의원으로 2015년 대통령 예비후보 경선에서 트럼프와 맞붙었다. 선거 캠페인이 진행되면서 트럼프의 발언은 더 직설적이고 거칠어졌다.

"루비오, 당신은 손이 작으니 남성의 그것도 틀림없이 작을 거다."

"힐러리 클린턴, 당신은 거짓말을 하고 있다."

'나쁘다bad'라든가 '재앙disaster' 같은, 점잖은 워싱턴 사람들이 평소 쓰지 않는 난폭한 단어들을 트럼프는 거침없이 내뱉었다. 많은 지식인들과 주류 언론매체는 '저급한 트럼프'라고 경악하면서 그의 상스런 말투를 비난했다. 하지만 트럼프가 추천하는 〈트럼프처럼 협상하라Trump-style negotiation : powerful strategies and tactics for mastering〉는 책을 보면 이런 내용이 나온다.

"만일 상대가 거친 언어를 쓰거나 유치한 농담을 즐기면 거기에 맞추어 '그들의 말'을 씀으로써 더 가까워질 수 있다!"[29]

전문가들이 강조하는 중요한 커뮤니케이션 전략 중 하나가 '나의 언어'가 아닌 '그들의 말'을 쓰라는 것이다. 트럼프는 자신의 지지층이 알아듣고 공감하기 쉬운 어휘를 전략적으로 구사한 것으로 풀이된다. 트럼프는 저서 〈CEO 트럼프, 성공을 품다TRUMP 101 : The Way to Success〉에서 이렇게 말한다.

"무슨 일을 하든 간결하고 신속하고 곧장 요점을 찔러주도록 하라. 간결하게 한다는 것은 예절바른 일이다."[30]

"나의 협상 기술을 분석한 사람이 있는데, 그는 내가 다른 어떤 사람들보다 빨리 정곡을 찌르기 때문에 우위를 점한다고 말한다. 나는 곧바로 요점에 들어간다. 왜냐하면 나는 말하기 전에 이미 마음속에 거래 내역을 다 그려놓고 있기 때문이다."[31]

한국계로는 처음으로 미국 연방 하원의원3선을 지낸 김창준Jay Kim·1939~ 전 의원은 트럼프의 화술을 이렇게 평가한다. "트럼프는 자기 머릿속의 생각을 그대로 말로 뱉어버리는, 대중에게 카타르시스를 주는 매력이 있다. 고급 단어를 사용하며 일반인들이 알아듣지 못하는 말투를 사용하는 기존 정치인들의 언사나 행동은 그들의 행동거지를 100% 믿지 못하게 한다. '무슨 꿍꿍이를 숨기기 위해 대중이 쉽게 알아듣지 못하는 말을 하는가?'라는 생각을 하게 만든다. 대통령 후보가 트럼프처럼 단순하고 분명하게 말하는 것을 유권자들은 들어본 적이 없다."**32**

"예측 가능한 패턴 드러내지 않는다"

트럼프의 막말은 백인 노동자들과 농업 벨트farm belt로 불리는 중서부 농업지대 거주 농민 같은 핵심 지지층에게 엄청난 대리 만족을 안겨주면서 폭발적인 지지를 이끌어냈다. 트럼프는 막말과 상스러운 말만 하는 게 아니다. 말한 내용도 서로 모순되며, 상습적으로 금방 말 바꾸기를 한다. 예를 들어, 미국과 중국이 무역 전쟁 관련 협상을 벌이던 2019년 8월 23일 트럼프는 중국 국가주석인 시진핑習近平을 '적enemy'이라고 공개적으로 규정했다. 그러다가 사흘 후인 26일엔 시진핑을 '위대한 지도자a great leader', '훌륭한 사람brilliant man'이라고 불렀다. 상대국 국가 정상에 대해 역대 미국 대통령들은 온순하고 격조 있는 표현을 점잖게 했지 트럼프처럼 막말을 마구잡이로 바꿔가며 하는 경우는 거의 없었다. 미국 주류매체들은 그의 오락가락 행보가 세계 경제에 부담이 된다고 지적했다. 그러자 트럼프는 "이것이 내가 협상하는 방식It's the way I negotiate"이라고 반박했다.

트럼프는 자신이 이런 오락가락 발언을 하는 이유를 저서 〈불구가 된 미국〉에서 이렇게 말했다. "나는 무엇을 할지 말하지 않고, 경고를 보내지 않으며, 예측 가능한 패턴을 드러내지 않는다. 나는 무슨 행동을 할지, 혹은 생각을 하는지 드러내고 싶지 않다. 나는 예측하기 어려운 사람이 되는 것이 좋다. (중략) 나에 대한 많은 비판자들은 모두 기존의 규칙을 따르고, 예측할 수 있는 단계를 밟으며, 통념에 맞추려고 노력하면서 온순하게 경기를 하느라 바쁘다. 나는 그런 식으로 행동하지 않기 때문에 그들은 나를 어떻게 대응해야 할지 알 수 없다. 패를 드러내는 것은 저지르지 말아야 하는 아주 멍청한 실수다."[33]

트럼프가 모순되는 막말을 되풀이하는 것은 다분히 '계산된 행위'라고 볼 수 있는 것이다. 그는 자신의 베스트셀러 저서 〈거래의 기술〉에서 성공적인 협상 방법을 소개하면서 "먼저 상대의 관심을 불러일으켜 동요動搖를 일으키게 해야 한다"고 했다.[34] 또 "사건을 일으켜 남들을 시험하는 것이 재밌었다"[35] 며 "상대방이 갖는 초조감은 이중二重의 날을 가진 칼이 될 수 있다. 초조감이 거래를 성립시킨다"고 말했다.[36]

편안하게 준비할 수 있는 상태와 정반대로 상대방을 당황하고 초조하도록 만드는 게 승리를 따내는 묘수妙手라는 것이다. 이런 방법은 〈손자병법〉에 나오는 "군사들에게서는 사기를 빼앗고, 장군에게는 마음평정심을 빼앗아야 한다三軍可奪氣 將軍可奪心"는 대목을 빼닮았다. 비상식적인 막말을 구사함으로써 적을 헷갈리게 하고 대응 못하게 무력화하는 노림수인 셈이다. 트럼프는 한 술 더 떠 항상 뻔뻔하고 거만한 태도를 고수한다. 지식이 거의 없는 분야에 관해서도 잘 알고 있다는 듯한 태도로 말한다.

되받아치고, 후려치고, 크게 생각하라

대통령이 되기 전 한 집회에서 "나는 미군 최고위 간부보다 이슬람국IS에 대해서 잘 안다!"고 큰소리쳤다. 선거 유세 중에는 "나는 정말로 머리가 좋고, 부자다!"라고 반복해 말했다. 대통령 입후보 연설에서는 멕시코 이민자를 "미국에 마약과 범죄를 갖고 들어오는 강간범!"이라고 불렀고, 이후에 '이슬람교도 입국 일시금지' 같은 폭탄 발언도 서슴지 않았다. 긍정적이든 부정적이든 이런 발언들이 언론에 크게 부각되면 트럼프는 손해 보는 장사가 아니라고 판단한 것이다.[37]

2016년 12월 초, 중국과 미국 언론은 불난 호떡집처럼 소란스러웠다. 트럼프가 중국 지도자와 접촉에 앞서 차이잉원蔡英文·1956~ 타이완 총통과 먼저 통화를 한 탓이다. 이는 1979년 미국과 중국이 맺은 '하나의 중국One China Policy' 원칙을 정면 위반한 것이었다. 중국 외교부가 즉각 항의 성명을 내자 트럼프는 반박했다. "그러면 너희 중국은 남중국해 문제를 사전에 미국과 협의했나?" 미 ·

중 수교 후 버락 오바마를 비롯한 역대 어느 미국 대통령도 하지 못한 강단 있는 '투사鬪士'의 모습이었다.

트럼프는 어렸을 때부터 이런 '되받아치기일명 파이트 백·fight back' 전술에 익숙해 있다. 그가 〈거래의 기술〉에서 한 말이다. "나에게 호의를 보이는 사람에게는 나도 특별히 잘 대해준다. 그러나 나를 이용하거나 부당하게 대하는 사람이 있으면 치열하게 대응한다. 내 경험으로 보아 신념을 위해 싸우면 대개는 최선의 결과를 낳게 된다."**38**

"초등학교 2학년 때 나는 선생님 얼굴에 멍이 들게 한 적이 있다. 음악 선생님이 '음악에 대해 아무 것도 모른다'고 꾸짖어서 주먹을 휘두른 것이다. (중략) 나는 어릴 때부터 폭력적인 방법을 통해서라도 내 생각을 알리고자 했다. 지금에 와서는 주먹 대신 머리를 쓰려고 하는 점이 바뀌었을 뿐이다."**39**

뉴욕시가 트럼프 타워에 대해 높은 세금을 부과하자, 뉴욕시를 상대로 무려 6개의 소송을 내며 정면 대응한 것도 트럼프 특유의 '되받아치기' 전술에서다. 소송비가 엄청나고 승소할 확률도 낮았지만 '부당하게 대하는 상대에겐 철저히 반격한다'는 생각에 충실한 트럼프는 승소했다. 반半사기꾼들이 득실거리는 뉴욕 부동산 업계에서도 트럼프는 이런 맞대응으로 살아남았다.**40**

그는 '큰 생각big thinking'과 '지렛대leverage' 전술도 애용한다. 뉴욕

맨해튼 한복판에 지은 트럼프 타워는 '큰 생각'의 산물이다. 그는 200만 달러를 들여 건물 내부에 24m에 이르는 폭포를 만들었다. 또 멋진 청동제 에스컬레이터를 만들기 위해 보통의 에스컬레이터보다 100만 달러를 더 투자했다. 로비 바닥과 지상 6층까지 모두 이탈리아제 최고급 대리석을 사용했다. 상상을 초월하는 '큰 생각'으로 통 큰 투자를 해 건물 전체를 명품으로 만든 것이다. 보통 맨해튼에 비슷한 크기의 건물에 드는 비용보다 많은 돈을 들였지만 훨씬 더 높은 가격으로 분양을 마쳐 투자비를 거뜬히 회수했다.

"여러 가지 면에서 일을 크게 벌이는 편이 성공 가능성이 더 크다. 브롱크스에서 단독주택을 구입하는 것보다 맨해튼에서 고층 빌딩을 짓는 일이 더 쉬울 수 있다. 대부분의 사람들은 크게 생각하기를 두려워한다. 심지어 불가능한 일로 여기는 사람들도 있다. 크게 생각하는 문제에 있어 당신의 가장 큰 적은 바로 당신 자신이다."[41]

트럼프는 '후려치기'의 명수名手이다. 대통령 당선자 신분이던 2016년 12월 초, 그는 "보잉사의 차세대 대통령 전용기인 보잉 747-8의 가격이 40억 달러인데 이것은 말도 안 된다. 가격을 내리지 않으면 주문을 취소하겠다"고 트윗을 날렸다. 점잖은 미국 대통령이 물건 값을 깎는 초유의 사건이었다. 결국 보잉사는 18개월의 '밀고 당기기' 끝에 대통령 전용기 에어포스원Air Force One으로 사용될 신형 항공기에 대해 각종 할인 등을 적용, 당초보다 10억 달러 이상 낮은 가격으로 2018년 7월 계약을 맺었다.

'패' 다 드러나…혁신과 자기 부정 필요

그는 플로리다주 마이애미 팜비치에 있는 방 126개짜리 마라라고Mar-A-Lago 대저택을 평소 호가2억5천만 달러보다 훨씬 낮은 700만 달러에 사들였다. 반대로 트럼프 타워의 콘도미니엄을 분양할 때는 20배까지 높은 가격에 팔아치웠다. 살 때는 가격을 낮게 제시하고, 팔 때는 터무니없이 높은 가격을 부르는 '하이 볼High Ball' 전술의 위력이다.

하나의 방법이나 결론에 집착하지 않고 카멜레온처럼 변신하는 데서 트럼프의 혁신성은 한층 돋보인다. 그는 "선택의 폭을 가능한 한 넓게 유지하라",[42] "나는 거래에서 유연한 자세를 유지한다. 최소한 대여섯 가지 방법을 동원해 일을 추진한다. 한쪽에서 원하는 것을 얻지 못해도 다른 쪽에서 이익을 챙겨야 한다"[43]고 말한다. 트럼프의 모든 말과 행동은 미국의 국가 이익 증진, 즉 '미국 제일주의' 하나로 집약된다. 그는 이렇게 밝혔다.

"내가 하는 모든 거래는 오직 하나의 목표를 추구할 것이다. 바로 '미국의 승리'이다. 우리는 미국의 시장과 소비자가 지닌 경제력을 활용하여 친구들을 돕고, 적들에게 협력의 혜택을 상기시켜야 한다."**44**

이를 달성하려는 결의도 굳세다. "나는 크게 생각하고, 높이 겨
냥하며, 목표와 그 너머를 향해 계속 밀어 붙인다. 결국 원하는 곳
에 이르지 못할 수도 있지만 처음에 세운 기본적인 목표는 절대 타
협하지 않을 것이다."**45**

트럼프는 재선再選을 목표로 2020년 11월 대통령 선거에 출마한
다. 그는 선거 자금 모금 등에서 경쟁자들을 앞서고 있다. 하지만
그가 재선되더라도 혁신 파워가 미칠 효과는 예전보다 약해질 가
능성이 높다. 첫 임기 동안 그가 보인 전략 · 전술의 '패', 즉 협상
스타일이 국내외에서 낱낱이 파악돼 이제는 상대방도 당황하지 않
고 대처할 수 있게 되어서다. 그런 점에서 트럼프에게는 끊임없는
자기 혁신과 자기 부정 노력이 다시 요청된다. 과거의 성공에 안주
했다가는 트럼프도 금방 퇴물이자, 실패자로 추락할 수 있기 때문
이다.

1. 〈The Art of War〉 손자병법 **손무 지음** – 기원전 6세기에 쓴 군사 전략의 고전

2. 〈The Power of Positive Thinking〉 적극적 사고방식 **노먼 빈센트 필 지음** – 1952년에 처음 출간된 책으로 성공에 필수적인 행동 개념과 법칙을 담고 있다.

3. 〈Essays and Lectures〉 랠프 월도 에머슨 지음 – 누구나 쉽게 소화할 수 있는 에머슨의 명료한 사상을 적은 책

4. 〈Mein Weltbild〉 아인슈타인의 나의 세계관 **아인슈타인 지음** – 다양한 분야의 지식을 포괄적으로 사고하는 지성인 아인슈타인의 진가를 보여주는 책

5. 〈Team of rivals : the political genius of Abraham Lincoln〉 권력의 조건 **도리스 컨스 굿윈 지음**

6. 〈The Last Lion : Winston Spencer Churchill〉 윌리엄 맨체스터 지음 – 두 권으로 이뤄진 윈스턴 처칠 영국 총리에 대한 전기

7. 〈No Ordinary Time : Franklin & Eleanor Roosevelt : The Home Front in World War 2〉 도리스 컨스 굿윈 지음 – 미국 역사상 가장 흥미롭고 중요한 시대와 루스벨트 대통령에 관한 기록을 담고 있다.

8. 〈The Golden Ratio〉 마리오 리비오 지음 – 세계에서 가장 놀라운 숫자인 황금비율 파이에 대한 이야기

9. 〈Rich dad poor dad〉 부자 아빠, 가난한 아빠 2 **로버트 기요사키, 샤론 레흐트 지음** – 똑똑하게 일하고 부자 되는 방법을 알려주는 책

〈출처 : US News & World Report〉

3

마오쩌둥 毛澤東

1945년 8월, 태평양전쟁에서 일본의 무조건 항복으로 중국은 해방되었다. 중국 대륙의 주인은 장제스蔣介石 정부가 될 것이라는 전망이 압도적으로 많았다. 430만 명과 128만 명으로 장제스 군대가 마오쩌둥 군대보다 훨씬 많았고, 장제스 측은 미국의 막대한 군사 원조까지 받고 있었기 때문이다. 영국·소련 등 국제사회도 장제스를 지지하고 있었다.

하지만 5년에 걸친 국공내전에서 승자는 마오쩌둥毛澤東·1897~1976이었다. 그는 1949년 10월 1일, 베이징의 천안문 위에서 중화인민공화국의 출범을 선포했다. 중국 대륙을 통일한 여덟 번째 영웅이 된 것이다.

마오는 누구인가? 그는 해외유학은커녕 중국 내 대학도 제대로 다닌 적이 없다. 1949년 12월, 스탈린과 회담을 위해 모스크바를 비밀 방문하기 전까지는 외국에 나가본 적도 없었다. 중국 바깥으로 간 것은 이것을 포함해 딱 두 번, 그것도 모두 소련행이었다. 시골에서 평범한 농민의 아들로 태어난, 세계 정세나 서양의 발전 상에 무지無知한 토종 공산주의자였다.

그렇지만 마오쩌둥은 20세기 중화인민공화국 최고 영웅으로 세계적 위인偉人으로 꼽힌다. 집권 후 강행한 문화대혁명과 대약진운동으로 수천만 명이 목숨을 잃는 등 그의 과오도 분명하다. 하지만 지금도 베이징 천안문광장에 걸려 있는 초상화가 보여주듯 마오쩌둥은 중국공산당의 정신적 기둥이자 중국 건국의 제일 국부國父이다. 동시에 그는 시詩와 서예書藝를 즐긴 문인이자 서예가였다.

일각에서는 마오쩌둥을 중국을 최초로 통일한 진시황 이후 최고의 영걸英傑이라고 해석한다. 상대방보다 절대 열세에 있던 그가 모든 상황을 역전시켜 20세기 중국을 통일한 주인공이 됐다는 이유에서다. 그런 점에서 마오쩌둥은 시대가 낳은 영웅이며, 그의 성공은 운명적이었다고 볼 수도 있다.

하지만 아무리 난세여도 그만한 대업을 이룰 수 있는 영웅은 쉽게 나오지 않는다. 마오쩌둥의 일생에는 시류나 운명으로만 설명할 수 없는 극적 요인이 있다. 그리고 그 밑바탕에는 평생을 관류하며 지탱해온 뭔가가 분명 있다.

그 하나를 꼬집어낸다면 '독서'라고 할 수 있다. 수많은 마오쩌둥 전기나 평전을 살펴보면 그는 한 순간도 허투루 보내지 않았다.

일신우일신日新又日新, 즉 혁신을 거듭하며 살았다. 기적 같은 반전은 수십 년간 축적된 노력이 일궈낸 질적質的 전환의 결과물이다.

일례로, 중국공산당과 국민당 간의 내전에서 승부의 추가 공산당으로 기운 1949년 3월 23일. 공산당 권력서열 1위인 마오쩌둥은 베이징 서남쪽 시바이포西栢坡를 떠나 베이징 동북쪽 외곽에 있는 샹산香山으로 이동했다. 베이징 입성을 앞둔 사전 조치였다. 마오는 수일 전 경호원들에게 반드시 가져가야 할 도서를 알려줬다. 여기에는 중국 어휘사전인 〈사해辭海〉와 어원사전인 〈사원辭源〉, 사마천司馬遷의 〈사기史記〉 그리고 〈자치통감資治通鑑〉이 포함되었다. 마르크스나 레닌의 저술은 한 권도 없었다.[1]

〈사기〉는 신화적인 황제 시대부터 기원전 100년 무렵 한나라까지를 다룬다. 사마광司馬光이 쓴 〈자치통감〉은 1300년 중국 역사에서 이전 황제들이 국가적으로 어려운 문제들을 어떻게 다루었는가를 서술하고 있다. 제1권 130개 장, 제2권 294개 장으로 되어있는 이 방대한 사서를 마오쩌둥은 수년 동안 애독해왔다. 쌍칭雙淸 별장에서 보낸 샹산의 첫날밤에도 그는 〈자치통감〉을 꺼냈다.

일신우일신한 혁신적 삶

이처럼 생애에 걸친 독서로 마오쩌둥은 매일 다른 하루를 보냈고, 그것은 다른 일 년 십 년이 됐고, '새로운 중국 건설'이란 종착

점으로 귀결되었다. 이를 통해 자신의 역사는 물론 세계사의 큰 물줄기까지 바꾸었다.

마오쩌둥은 1976년 9월 9일 0시 10분에 서거했다. 진료 기록에 따르면 9월 8일 온 몸에 튜브를 꽂고 있던 마오쩌둥은 의사가 응급처치를 하는 상황에서도 7분 동안 책을 읽었다고 한다.[2]

"당신이 백 살까지 공부를 했더라도 남들이 생일 축하를 할 때 당신은 여전히 '난 이미 다 배웠다'고 할 수는 없다. 당신이 하루를 더 살면 하루를 더 배울 수 있기 때문이다. 당신이 죽더라도 배움은 여전히 끝나지 않는다. 당신의 아들, 손자, 손자의 아들, 손자의 손자가 또 배워나가기 때문이다. 이렇게 보면 인류는 얼마나 배웠겠는가? 고증할 수 있는 문명사는 고작 이삼천 년에 지나지 않는다. 앞으로 또 얼마나 배워야 하는가? 얼마나 많은 자손들이 대대로 배워나가야 할지 알 수 없다."

1938년 8월 22일, 마오쩌둥이 공산당 중앙당교 연설에서 한 말이다. '배움에는 끝이 없다活到老 學到老'는 마오의 평소 생각이 담겨 있다. 베이징 시내 중난하이中南海 내 마오쩌둥의 집무실 겸 개인 서재 이름은 '국향서옥菊香書屋'이다. 책이 워낙 많아 붙여진 명칭이다. 1972년 2월 21일, 헨리 키신저 미국 국무장관은 이 국향서옥에서 난생 처음 마오쩌둥을 만났다.

이곳에 보관되어 있던 9만6473권 하나하나를 마오쩌둥은 끔찍이 아꼈는데, 거의 모든 장서藏書에는 '모씨장서毛氏藏書'라는 도장이 찍혀 있었다.³ 마오쩌둥은 여기서 밤새도록 책을 읽다가 아침 8~9시쯤 취침하여 오전 11~12시에 일어나는 경우가 많았다고 한다. 국가 대사大事에서도 마오는 큰 지침만 내리고, 구체적인 일은 저우언라이周恩來 총리가 맡아했다. 마오쩌둥 생존 시절 공산당 회의와 주요 행사는 보통 오후 2시나 3시부터 시작했는데, 이는 마오의 수면시간 때문이었다.

세상 마지막 날에도 병상에서 7분간 독서

아무튼 마오쩌둥에게 책은 그림자처럼 뗄 수 없는 존재였다. 그의 침실과 집무실, 식탁 위, 다탁茶卓 위는 물론 화장실과 수영장의 휴게실, 베이징 교외의 거처, 그 어느 곳이든 '책 천지天地'였다. 집무실과 침실 사방 벽은 모두 책장으로 둘러쳐져 있었다. 항저우, 상하이, 광저우, 우한, 청두 등 각지의 도서관마다 마오가 책을 대출해서 본 기록이 남아있다. 그의 독서는 소년기에 시작되었다.

"8살 때 마을 초등학교에 들어가 공부를 시작해 13살까지 다녔다. 새벽과 저녁에는 논밭에서 일하고, 낮에는 논어와 사서四書를 읽었다. 내가 즐겨 읽은 것은 중국 고대의 전기傳奇 소설과 특히 모반謀叛에 관한 소설들이었다. 〈악비전〉〈수호전〉〈반당전〉〈삼국지〉〈서유기〉…. 나는 이런 책을 대부분 학교에서 몰래 읽었다. 우리는 상당수의 그런 소설을 거의 암기할 정도로 읽었고, 또 그 내용을 놓고 여러 차례 되풀이하여 의견을 나누었다. 그런 소설은 노인들보다 우리가 더 많이 알고 있었다."[4]

중국 문학, 그것도 난리와 폭동, 반역을 다룬 소설들은 마오쩌둥의 의식과 세계관에 상당한 영향을 줬다. 소설에 나오는 전설적인 장군이나 전사, 모험가와 반란 지도자들로부터 마오쩌둥은 전사들의 형제애를 배우고, 신체적 강인함을 추종하게 됐다. 이들은 전통에 순종하지 말고 대항해 일어나 싸우라고 말하는 것 같았다.

마오는 청소년 시절에 아버지와의 관계가 나빴는데, 이것은 그의 저항의식을 키우는 촉매제가 됐다. 마오의 아버지는 수전노守錢奴에 가까웠다. 돈벌이에 도움되는 주산, 부기를 배우고 재산 문제로 소송을 할 때 요긴한 경서經書만 마오가 읽기를 바랐다. 그렇지 않을 때는 욕하고 야단치고 손찌검도 했다. 마오는 그런 아버지에게 때로는 대들었다. 그리고 그 불화는 세상에 대한 저항과 투쟁으로 이어졌다. 반항아가 기성 질서에 거역하는 지도자로, 나아가 세상을 뒤집는 혁명가가 된 것이다.

"나는 13살 때 초등학교를 마치고 낮에는 들에서 머슴을 도와 장정 한 사람 몫의 일을 하고, 밤에는 아버지를 도와 장부를 정리하는 장시간의 노동을 하기 시작했다. 그런 가운데에서도 독서를 계속해 경서를 제외하고는 무슨 책이든 닥치는 대로 탐독했다. 아버지에게는 이게 눈에 거슬렸다. 그래서 밤늦은 시간에는 늘 내 방의 창문을 가려 아버지가 불빛을 볼 수 없도록 했다."

이런 일화도 있었다. 책 읽는 것을 불필요한 시간 낭비라고 여긴 아버지가 마오쩌둥에게 오늘은 거름통을 15번 나르라고 시켰다. 하루를 꼬박 해야 하는 일로 이 날은 하루 종일 일만 하고 책을 읽지 말라는 얘기였다. 그러나 마오쩌둥은 반나절 만에 시킨 일을 다 마치고 오후 내내 나무 아래에서 열심히 책을 읽었다.[5]

떡 두 쪽으로 점심 해결…혼자 6개월 책과 씨름

이 무렵 마오쩌둥은 정관잉鄭觀應이 쓴 〈성세위언盛世危言〉을 접하며 중국당시 청나라이 처한 위태로운 상황과 서양 근대 문물에 눈을 떴다. 마오는 16세가 되던 해, 처음으로 집을 나와 외지생활을 시작했다. 그는 고향을 떠나며 시 한 수를 지어 아버지에게 드렸다.

소자는 고향을 떠나려는 뜻을 세웠습니다 孩兒立志出鄕關

학업으로 출세하지 못하면 돌아오지 않겠습니다 學不成名誓不還

죽어서 반드시 고향에 묻혀야 한다는 법은 없습니다 埋骨何須桑梓地

인생 어디면 다 청산이 아니겠습니까 人生無處不靑山

둥산東山고등소학교에 들어간 마오는 이내 후난성 최대 도시인 창사長沙로 전학을 갔다. 얼마 후 신해혁명1911년 10월이 일어나자 혁명군에 자원입대해 6개월 정도 근무하다가 제대해 성립省立제1중학교에 응시했다. 입학시험에서 수석으로 합격한 마오는 그러나 반 년 만에 학교를 그만두고 독학으로 방향을 틀었다.

"나는 6달 만에 제1중학교를 그만두었다. 학교의 교과 과정은 제한되어 있었고, 그 규정이 매우 못마땅하였기 때문이었다. 나는 혼자서 책을 읽으며 공부하는 것이 낫겠다는 결론에 도달했다. 후난 성립도서관에서 매일 책을 읽는 독학 계획을 짰다. 나는 이 계획을 매우 규칙적으로 성실하게 지키면서 6달을 보냈는데, 지금 생각해도 이 6달은 나에게 대단히 귀중한 시간이었다. 나는 아침 개관 시간에 맞추어 갔다. 정오에는 매일 떡 두 쪽으로 점심을 때우고는 그 시간만 쉬었다. 그리고 폐관 시간까지 매일 독서를 하면서 도서관에서 지냈다."[6]

"밥은 하루 안 먹어도 괜찮고, 잠은 하루 안 자도 되지만 책은 단 하루도 안 읽으면 안 된다"는 생각은 이때부터 굳어졌다.

이때 마오쩌둥은 마치 '소가 남의 밭에 들어가 처음으로 맛있는 풀을 뜯어 먹는 것'처럼 죽기 살기로 멈추지 않고 책을 먹어치웠다고 한다. 그는 애덤 스미스의 〈국부론〉, 다윈의 〈종의 기원〉, 존 스튜어트 밀의 〈윤리학〉 책을 읽고 세계 각국 지리와 역사책을 섭렵했다. 루소의 저작과 스펜서의 논리학, 몽테스키외의 법에 관한 저술도 독파했다. 이 기간 중에 마오가 가장 몰입한 것은 청나라 말기 개혁 운동가로 변법자강變法自疆을 주창한 캉유웨이康有爲와 량 치차오梁啓超가 쓴 책들이었다. 마오는 "나는 두 사람이 쓴 책들을 읽고 또 읽어 나중에는 암기할 정도였다. 나는 두 사람을 숭배하게 됐다"고 했다.[7]

'마오치'로 불린 기이한 남자

22세 되던 1915년, 마오쩌둥은 자신의 독서 생애를 설계했다. 그 해 6월 그는 친구에게 보내는 편지에서 "캉유웨이의 독서 경력 을 본받겠다"며 "40세 이전에 중국의 모든 학문에 대한 공부를 끝 내고, 40세 후에 서방 학문의 정화를 흡수하겠다"고 했다. 마오쩌 둥은 마음속에 품은 큰 뜻의 상당 부분을 독서를 통해 이루겠다고 생각하고 있었다. 그러면서 그는 "학문에서 옛 사람을 넘어서지 못하면 학문에 힘썼다고 할 수 없다學不勝古人 不足以爲學"고 결심했다. 1913년부터 1918년까지 5년 동안 후난성 성립제1사범학교에 다니 는 동안 마오쩌둥은 작문 과목에서 늘 높은 점수를 받았다. 또 중 국과 유럽의 사상가와 작가에 대한 독서에 심취해 일기日記에 그들 의 사상을 요약하곤 했다.

이때 마오쩌둥에게 '마오치毛奇'라는 별명이 생겼다. 이 별명은 마오쩌둥이 독일 육군 원수 몰트케몰트케의 중국어 표기는 毛奇이다를 숭배

해 얻은 것이라 하고, 또 다른 설명은 그가 동급생들과 '큰 뜻을 세울 것'에 대해 담론할 때면 "독서는 천하의 기이함을 알기 위해서이다"고 말했기 때문이라고 한다. 기이한 책을 읽고, 기이한 친구를 사귀며, 기이한 일을 하는 기남자奇男子가 마오쩌둥이었다. 마오쩌둥은 그만큼 특별한 책을 많이, 열심히 읽었다.[8]

베이징대학 도서관 사서보조원으로 5개월 근무

마오쩌둥은 회고한다.

"이 학교 선생님들도 나를 좋아했다. 특히 교사들은 내가 작문을 잘 한다고 해서 각별히 아껴주었다. (중략) 나는 한유韓愈의 문장을 연구해서 고문古文 표현법을 완전히 익혔다. 오늘날까지도 필요한 경우에 나는 웬만한 정도의 고문을 쓸 수 있게 됐다."[9]

사범학교 시절 마오쩌둥은 19세기 독일 철학자 프리드리히 파울젠의 저작 〈윤리학 원리System der Ethik〉 중국어 번역서를 읽으면서 책 복사본에다 1만2천여자 분량의 논평을 적었다. 이것은 상당한 주견主見과 실력이 있었기에 가능한 일이었다.

마오쩌둥은 축적된 독서와 필력으로 두각을 나타냈다. 1917년 4월, 상하이의 진보 잡지 〈신청년新靑年〉에 자신의 이름 석 자毛澤東의 전체 획수를 나타내는 '이십팔획생二十八劃生'이란 필명으로 '체육연구體育研究'라는 논문을 발표했다. 이 논문에서 그는 "체육은 국가를 부강하게 만들 뿐 아니라 사람의 의지도 단련시킬 수 있다"고 주장했다. 1918년 초, 파울젠의 책을 읽고 나서는 '마음의 힘心之力'이라는 논문을 썼다.

1917년 6월, 마오쩌둥은 사범학교에서 가장 뛰어난 학생으로 이름을 날렸다. 매년 봄 학기가 끝날 무렵 학교는 우수 학생에게 영예로운 명칭을 수여했는데, 때로 49명의 학생 대다수가 마오에게 지지표를 던질 때도 있었다. 1917년 9월 '샹탄 동학회'를 만들어 회장에 추대되었다. 그는 회장을 맡은 지 두 달여 만에 문 닫았던 야간 노동자 학교를 다시 열도록 했다. 그는 야간 노동자 학교에서 중국사 과목 강사가 돼 처음 교사 경험을 한다.[10]

이후 마오쩌둥은 후난성 성도省都인 창사와 상하이, 베이징을 오가며 경험을 쌓았는데 대부분 책, 신문, 잡지와 관련된 일이었다. 1919년 7월, 창사에서 〈상강평론湘江評論〉 편집장을 맡아 직접 글을 써서 싣고 조판과 교정까지 책임졌다. 1920년에는 창사에서 중국 최초의 협동조합 서점인 '문화서사文化書社'를 운영했다. 45종의 정기간행물과 3종의 신문을 배급하며 마르크스의 〈자본론 초판 서문〉 등을 팔았다. 앞서 1919년 봄, 사범학교 은사인 양창지梁昌濟의 도움으로 베이징대학 도서관 사서보조원으로 5개월 정도 일한 것도 특기할 만하다. 그 시절에 대한 마오쩌둥의 기억이다.

"베이징대학 도서관장인 리다자오李大釗 교수가 나에게 사서司書

보조원 자리를 주었다. 급료는 한 달에 8위안으로 괜찮은 편이었다. 내가 하는 일 중의 하나는 신문을 보러 찾아오는 사람들의 이름을 기록하는 것이었다. 그런데 대부분은 나를 안중眼中에 두지도 않았다. 이들은 남부 사투리를 쓰는 일개 사서보조원의 이야기에 귀를 기울여줄 겨를이 없었다. 나는 실망하지 않았다. 대학 강의를 들을 수 있도록 철학회와 신문학회에 가입했다. 나는 도서관에 근무하는 동안 소비에트 정부 부주석을 지낸 장궈타오張國燾와 훗날 국민당 정부의 교육부 차관을 지낸 돤시펑段錫朋 등을 만났다."[11]

1920년 겨울, 노동자들을 처음 정치 조직화한 마오쩌둥은 마르크스의 이론과 러시아 혁명사에 깊숙이 빠져 들었다. 중국어로 쓰인 공산주의 관계 문헌은 아무리 짧은 것이라도 모두 찾아 읽었다. 특히 최초의 마르크스주의 책인 〈공산당 선언〉과 칼 카우츠키의 〈계급투쟁〉, 토머스 커컵의 〈사회주의사〉를 열독했다. 마오쩌둥은 "1920년 여름까지 나는 이론과 행동에서 마르크스주의자가 되었고, 이때부터 나는 자신을 마르크스주의자라고 생각했다"고 말했다.[12]

장제스의 국민당군에 쫓겨 1934년 10월부터 중국 대륙의 서북 산간벽지로 도피하는 장정長征을 1년여 하는 와중에 마오쩌둥은 말라리아에 걸려 들것에 실려 가면서도 책을 읽었다. 그에게 독서는 곧 삶이었다. 해도 되고 안 해도 되는 게 아니라 살아있으면 반드시 해야 하는 것이었다. 그는 점심을 먹을 때도, 거름통을 나르고 난 후에도, 잠깐 쉴 때도, 언덕 위에서도, 나무 아래에서도, 길거리에서도, 장소를 가리지 않고 책을 읽었다.

"많이 쓰고, 많이 생각하고, 많이 묻고, 많이 읽으라"

마오쩌둥은 독서를 하면 피곤함을 모르는 사람 같았다. 한 번 책을 들면 잠자는 것이나 밥 먹는 걸 잊는 게 다반사였다. 그의 옷은 모두 호주머니가 컸다. 책을 넣고 다니기 쉽게 특별히 만든 것이다. 출장 갈 때면 출발 전에 마오쩌둥은 휴대할 책 목록을 비서에게 주어 상자에 넣어 운반토록 했다. 보통 한 번 출장 때마다 200여 종씩 갖고 갔다. 전쟁터에서도 마오쩌둥은 〈자치통감〉과 〈노신전집魯迅全集〉을 늘 휴대하고 다녔다.

마오쩌둥이 독서에 많은 시간을 할애한 것은 다른 일은 하지 않고 책만 봐서가 아니다. 그의 업무 효율과 독서 효율이 모두 매우 높았기 때문이다. 그는 책, 보고서를 읽거나 대화할 때 빠르고 정확하게 요점을 파악하였다. 한 예로 나폴레옹 전기 번역서 몇 권을 골라 함께 읽기 시작한 동료가 한 권도 못 읽은 시점에 마오는 이미 세 권을 읽었다. 수면 시간이 짧고 한 번 책을 잡으면 시간 가는 줄 모르고 밤낮으로 읽은 것도 강점이었다. 그리고 책을 많이 읽을수록 읽는 속도가 빨라지고 요령도 좋아졌다. 그런 점에서 마

오의 독서 재능은 일생 동안 부지런하게 여러 책을 붙잡고 두루 읽으며 터득해낸 노력의 산물이다.[13]

마오쩌둥의 독서 열기는 권좌에 오른 후에도 뜨거웠다. 1950년 겨울부터 1966년 여름까지 마오쩌둥의 도서와 간행물 관리를 17년 가까이 맡았던 펑셴즈逄先知는 "나이가 들면서 마오 주석의 독서욕은 갈수록 강렬해졌다. 지식을 쌓고 시야를 넓히기 위하여, 또 구국구민의 진리를 탐구하기 위하여 식음을 전폐하다시피 하며 동서고금의 각종 서적을 탐독했다"고 했다.

그런데 마오쩌둥은 '남다른 독서법'을 갖고 있었다. 평범한 독서를 했다면 그도 평범한 한 공산당원으로 그쳤을 것이다. 마오쩌둥은 독서와 관련해 〈맹자孟子〉에 나오는 "서경書經을 그대로 다 믿는다면 서경이 없느니만 못하다"[14]는 구절을 자주 인용했다. 이 말은 아무리 권위 있는 저작물이라도 내용을 맹신해서는 안 되며, 비판적이며 독립적으로 읽어야 한다는 얘기다.

대담하게 의심을 품고 집요하게 파고드는 용기가 독서에서도 있어야 한다는 것이다. 그래서 마오는 "붓을 움직이지 않는 독서는 독서가 아니다"고 입버릇처럼 말했다. 책의 좋은 내용을 직접 옮겨 쓰거나 자신의 감상과 비평, 주석을 붙이는 책읽기를 해야 한다는 것이다. 이를 위해 마오쩌둥은 '삼복사온三復四溫'과 '사다四多'라는 원칙을 실천했다.

'삼복사온'이란 좋은 책은 적어도 세 번 반복해 읽고 네 번 익힌다는 뜻이다. 어떤 책을 한 번 읽었으면 그는 표지에다 동그라미를 하나 쳤다. 그의 장서 가운데는 표지에 동그라미 4~5개가 그려져 있는 책이 많다. 마오쩌둥은 사마광의 〈자치통감〉은 17번, 이달李達의 〈사회학 대강〉과 〈홍루몽紅樓夢〉은 각각 10번 넘게 읽은 것으로 전해진다.

'사다'는 다독多讀, 다사多寫, 다상多想, 다문多問, 즉 많이 읽고, 많이 베껴 쓰고, 많이 생각하고, 많이 묻는 것을 일컫는다. 이는 송나라의 문인 구양수歐陽脩가 제시한 '삼다多讀 多作 多商量·많이 읽고 많이 쓰고 많이 생각한다'보다 더 진전된 독서법으로 읽기, 쓰기와 생각하기, 창조하기를 모두 포괄한다.

〈자치통감〉은 17번, 〈홍루몽〉은 10번 넘게 읽어

그래서 마오가 읽은 책 곳곳에는 직선, 곡선, 동그라미, 점, 삼각형, 사선, 물음표와 한 줄 밑줄, 두 줄 밑줄, 심지어 세 줄 밑줄 같은 표시와 부호가 적혀 있다. 본인의 소감과 간단한 평어들도 붙어 있다. 그는 〈25사史〉를 전부 다 읽고 거기에 자신의 감상, 비평, 주석, 교정 등을 써넣었다. 이런 것은 마오쩌둥이 수동적인 독서가 아니라 전투적인 독서를 하였음을 보여준다. 특히 물음표는 어떤 관점에 대한 회의懷疑나 반대, 이해 불가를 표시하는 것이었다.[15]

마오쩌둥에게서 독서는 혁명가가 반드시 거쳐야 하는 필수 과정이었다. 그는 1939년 1월 27일 한 회의에서 "사람은 지식의 폭이 넓어야 한다. 학문이 있으면 산 위에 있는 것처럼 더 멀리 볼 수 있고, 더 많이 볼 수 있다. 학문이 없으면 암흑 속에서 걸어가는 것처럼 아무 것도 보이지 않는다"고 했다. 그가 동료와 부하들에게 독서를 주문하고 스스로 습관화한 이유이기도 하다. 그는 "공산당을 하나의 큰 학교로 만들어야 한다"고도 했다.

마오쩌둥의 '애愛독서'와 '독서 제창'은 중국공산당의 기풍이 되고 있다. 중국공산당 제18차 전국대표대회에서 제기된 '학습형型, 서비스형, 혁신형의 마르크스주의 집정단 건설' 노선이 마오쩌둥의 생각을 계승하는 것이다. 시진핑習近平 공산당 총서기는 2013년 3월 1일 중앙당교 연설에서 "중국공산당 당원은 학습에 의해 오늘에까지 왔고, 또 반드시 학습에 의해 미래로 나아갈 것이다"고 말했다. 중국공산당의 학습형 정당으로 변신은 마오쩌둥이 꿈꾸고 바라던 바일 것이다.[16]

현장을 외면한 배움은 쓸모없다

주목되는 것은 마오쩌둥이 책에서 얻는 지식과 거의 동등하게 '글자 없는 책'의 중요성도 강조했다는 사실이다.

"사회는 학교이며, 일 가운데서 모든 것을 공부한다. 공부하는 책에는 두 종류가 있다. 글자가 있는 강의안은 책이고, 사회의 모든 책도 책, 즉 '무자천서無字天書'이다."

1938년 3월 15일, 마오는 중국인민 항일군사정치대학 3대대 졸업식에서 학생과 교직원들에게 이렇게 말했다. "'글자 없는 책을 읽는다'는 것은 곧 사회를 공부하는 것이며 실제를 공부하는 것이다." 이 말은 책만 알고 현실 실태를 모르는 '책벌레'여서는 안 되며, 중국이 처한 엄혹한 현실을 직시하면서 이와 연계한 공부가 더 중요하다는 것이다.[17] 사범학교 재학 시절 그가 정리한 강의노트講堂錄에 들어있는 구절이다.

"문을 닫아걸고 배움을 구한다면 그 배움은 쓸모가 없는 것이다. 천하 국가의 만사 만물로부터 배우고자 한다면 끝없는 세상을 두루 다녀야 한다."

이런 생각에서 마오쩌둥은 1917년 여름 내내 친구 한 명과 함께 후난성 내 5개 현縣 480km를 횡단했다. 그는 먼지 풀풀 나는 시골길을 걸으면서 농민과 지방관리, 신사紳士, 상인 등 여러 계층의 사람을 만났다. 즐거움이라고는 찾아볼 수 없는 농촌생활을 직접 목도하면서 힘들고 어려운 중국 현실에 대한 문제의식을 키웠다.[18]

그러면서 사람은 책에서 얻은 지식만 있어서는 안 되며, 반드시 사회생활 속으로 투신하여 실제적인 지식을 얻어야 한다고 마오는 확신했다. 이것이 가장 풍부하고 가장 생동적인 지식이라고 생각한 것이다. 마오는 사회와 자연이 하나의 '큰 학교'이며 그 속에서 '글자 없는 책'은 다 배울 수도, 다 취할 수 없을 정도로 많다고 봤다. 청나라를 무너뜨린 신해혁명을 일으킨 쑨원孫文의 삼민주의三民主義는 교과서나 책에서 배운 것이 아니라 학교 바깥의 큰 학교에서 배운 것이며, 마르크스의 학문도 영국·프랑스·독일 등의 현실을 바탕으로 책을 보며 창안해낸 것이라는 얘기다.

마오쩌둥이 여러 번 사회조사를 벌인 것도 현장·현실 중시 태도에서였다. 1927년 3월 '후난 농민운동 시찰보고서'를 시작으로 옌안의 중앙 소비에트 지역을 떠날 때까지 그는 10여 차례 농촌사회를 직접 조사했다. 마오쩌둥이 1930년에 쓴 '쉰우조사尋烏調査'는 8만 자 분량으로 쉰우 현縣 소재지에 잡화점이 몇 개 있고, 어떤 사람이 경영하며, 운영 비용은 얼마나 들고, 상품은 어떤 것이 있는지 상세한 목록을 만들었다. 1960년대 초에도 조사팀을 꾸려 저장성, 후난성, 광둥성에 보내 농촌 현지조사를 벌였다.

마오쩌둥은 현장 조사를 통해 책에서 볼 수 없는 지식을 배우는 한편 '교조주의를 반대하자'는 명분도 확보했다. '글자 없는 책 읽기'를 정치적 공격 수단으로도 활용한 것이다. 그가 평생 동안 중국의 어떤 정치지도자보다 신문을 주의 깊게 읽은 것도 '사상은 현실에 기초하고 있어야 한다'는 생각에서였다.

편중된, 닥치는 대로 독서의 한계

"창사長沙에서 사범학교를 다니는 동안 내가 쓴 돈은 모두 169 위안에 불과했다. 이 액수 중 신문 구독에 쓴 돈이 분명 3분의 1은 되었다. 나는 신문 구독이 습관처럼 되어서 1911년부터 내가 징강 산井岡山으로 들어간 1927년까지 베이징, 상하이, 후난의 일간지들을 읽지 않은 날들이 하루도 없었다."**19**

마오는 청소년 시절부터 신문·잡지를 읽었다. 당시 그가 집중적으로 본 잡지만도 〈신민총보新民叢報〉와 〈민주보民主報〉 〈민보民報〉, 〈신청년新靑年〉 등 여럿이었다. 특히 천두슈陳獨秀가 펴낸 〈신청년〉은 마오의 사상 정립에 큰 영향을 미쳤다. 그는 신해혁명 직후 혁명의용군에 자원입대해 있는 중에도 꼼꼼히 신문을 읽었다.

"혁명군 병사로서 나는 한 달에 7위안의 급료를 받았다. 7위안의 급료 중 식비로 2위안을 쓰고 나머지 돈은 신문을 구독하는데 썼다. 나는 열렬한 신문 구독자가 되었다. 당시 혁명에 관여한 신문 중에는 〈상강일보湘江日報〉가 있었다. 이 신문에는 사회주의 기사가 실려 있었고, 나는 이 신문을 통하여 처음으로 '사회주의'라는 낱말을 알게 되었다."**20**

청소년 시절 마오쩌둥의 신문, 잡지 구독은 지식을 늘리고 구국救國의 방도를 찾기 위함이었다. 그러나 징강산 시기부터는 혁명전쟁 수행을 위한 직접적인 필요가 더 컸다. 전쟁에서 승리하려면 나를 알고 적을 알아야 하기에 신문은 적의 동태를 파악하는 유용한 중요 수단이었다.

그는 1936년 12월 홍군紅軍 대학 강연 자료인 '중국 혁명전쟁의 전략 문제'에서 "적의 상황을 이해하기 위해서는 적의 정치, 군사, 재정과 사회여론 등의 자료를 수집해야 한다"고 했다. 마오쩌둥은 옌안 시기1935~45 내내 "하루 신문을 읽지 않는 건 결점이고, 사흘 신문을 잃지 않는 건 오류이다"고 말했다. 1940년대 초 그가 구독한 신문과 잡지는 30~40종이 됐다. 마오쩌둥은 국내 신문, 잡지와 별도로 매일 외국의 보도를 전문적으로 정리한 〈참고소식參考消息〉도 읽었다.

마오쩌둥은 동시대 중국 공산주의자들에 비해 마르크스·레닌주의 저작을 상대적으로 적게 읽었다. 소련이나 프랑스 등으로 유학 경험도 없었다. 그가 중국 현장 사정에 매우 밝고 현실 분석에 뛰어났다는 게 유일한 강점이었다. 마오쩌둥은 마르크스주의 원리를 중국 현실과 결합시켜 해법을 찾는데 탁월했다.

마오가 위대한 군사 전략가가 된 것도 병법서를 많이 읽고 〈손자병법〉이나 〈삼국지연의〉 등에 의지해 전투를 했기 때문이 아니다. 가장 큰 힘은 혁명전쟁을 이끈 풍부한 실전實戰 경험이다. 마오쩌둥은 전쟁에서 얻은 경험과 교훈을 〈손자병법〉〈전쟁론〉 등 군사 서적의 가르침과 잘 접목했다.

하지만 그의 독서에도 치명적인 한계가 있다. 무엇보다 자본주의와 서양 근대 문명에 대한 그의 지식과 이해 수준이 얕았다. 해리슨 솔즈베리 같은 전문가는 "마오쩌둥이 서양 자본주의에 관해서 일찍이 〈공산당 선언〉 중국어 번역본을 읽음으로써 얻은 아주 기초적인 수준을 넘어설 정도의 지식 밖에는 거의 또는 전혀 없었다"고 지적했다.[21]

기술에 관해서도 무지無知했다. 마오쩌둥은 마르크스의 〈자본론〉 등을 통해 얻은 지식으로 과학과 기술의 필요성은 인정했으나 현대 기술을 제대로 이해하는 수준이 못 됐다. 과학이나 기술 관련 보고서 등을 제대로 평가할 수 있는 독자적인 능력이 없었다. 마오쩌둥이 1950년대 말 대약진운동처럼 고대 이집트 피라미드 공사와 같은 대규모 대중大衆 노역 동원을 추진한 데에는 기술에 대한 무지가 큰 원인 중 하나로 꼽힌다.

더욱이 마오쩌둥은 평생 한 번도 서구西歐 세계를 가본 적이 없었다. 이런 편향된 독서와 편향된 경험은 마오가 국가 운영을 하는데 독소毒素로 작용하였다. 실제로 서양과 자본주의에 대한 마오쩌둥의 무지와 닥치는 대로 읽은 비체계적인 독서는 집권 후 많은 부작용을 낳았다.

숙적 장제스 꺾은 '16자 전법'

마오쩌둥의 오랜 경쟁자인 장제스蔣介石·1887~1975는 만 20세에 일본에 유학 가서 군사학을 정식으로 배웠고, 30대에는 소련을 시찰해 선진 문물을 익혔다. 광저우의 황푸黃埔군관학교 교장을 지낸 그는 명문재벌가의 딸쑹메이링·宋美齡과 결혼해 대지주와 상인, 대자본가들의 지지를 등에 업었다. 미국, 영국 등 열강의 지원도 받았다. 하지만 1949년 장제스는 중국 대륙 전체 면적의 3% 남짓한 작은 섬 타이완臺灣으로 패주했다.

두 사람의 운명을 다르게 만든 결정적 분수령 가운데 하나는 마오쩌둥이 중국 현실에 맞춘 '유격 전술'이란 독자적 군사 이론을 창안해 실천했다는 점이다. 두 차례 국공내전에서 마오쩌둥에게 승리를 안겨준 '유격 전술'은 책상머리에서가 아니라 처절한 투쟁과 시행착오 끝에 나온 혁신의 산물이었다.

1927년 당시 34세이던 마오쩌둥은 그 해 8월 1일 난창南昌 봉기와 9월 7일 후난湖南성 거병이 모두 실패하자 1천여 명의 패잔병을 이끌고 10월 징강산井崗山으로 도망갔다. 그러면서 자신들을 중국 공농홍군工農紅軍·이하 약칭 '홍군'으로 불렀다. 후난성과 장시성 접경에 있는 징강산은 험준한 산간 오지奧地였다.

중국공산당은 독단적으로 징강산으로 도주한 마오쩌둥에 대해 그가 갖고 있던 중앙정치국 후보위원, 후난성 당서기장, 최전선

당서기 등 3개 직을 박탈했다. 절벽 같은 산간에서 마오쩌둥은 당에서는 축출되고, 국민당 군대와 지방 군벌들의 추격을 받는 처지였다. 그의 유격 전술은 새로운 활로를 찾아야만 하는 절박한 현실을 기반으로 했다. 1928년 11월 25일, 그는 '징강산 투쟁' 보고서에서 상황을 이렇게 분석했다.

"한 나라 안에서 백색白色 정권이 사면四面으로 포위한 가운데 한 개 또는 몇 개의 작은 홍색紅色 정권 지역이 태어났다고 하는 것은 오늘날 세계에서 오직 중국에만 있는 일이다."[22]

장정을 마치고 산시성 북부 옌안延安에 머물 때인 1936년 12월 작성한 '중국 혁명전쟁의 전략 문제' 논문에선 중국 혁명전쟁의 특성을 네 가지로 꼽았다.

"첫째, 중국은 발전이 불균형하며 제국주의 국가들에 의해 반半식민지 상태에 놓인 대국大國이다. 두 번째로, 국민당은 중국 역사상 어느 시대의 군대와도 다르고 현대 국가 군대와 엇비슷하게 개조하고 있어 강하다. 세 번째로, 홍군과 공산당은 산간지대나 벽지에 분산돼 고립되어 있고 아무 외부 원조도 받지 못해 약하다. 무기와 식량, 피복 같은 물자 공급도 곤란하다. 따라서 홍군의 전략·전술은 크게 달라야 하며 작전도 일반적 형태로 해서는 안 된다. 마지막으로, 토지 혁명에 적극 동조하는 농민들의 든든한 원조는 홍군에 큰 힘이다."[23]

맹동주의 배격한 '현실적'인 생존법

이런 상황에서 마오쩌둥은 공산당 조직이 살아나려면 중심지구에 튼튼한 기초를 쌓고 내부 역량을 다져야 한다고 주장했다. 1927년부터 1930년대 초반까지 공산당은 지리멸렬한 상태였다. 반면, 장제스의 신망信望과 군력은 강해지고 있었다. 만용蠻勇을 부려 정면충돌했다가는 패망이 자명하다는 게 마오의 판단이었다. 마오쩌둥은 1930년 1월 5일 린뱌오林彪에게 보낸 서한에서 징강산에서의 군사활동을 이렇게 평가했다.

"혁명 조급증에 걸린 동지들은 혁명의 주관적 역량을 과대평가하고 반反혁명 역량을 과소평가한다. 이러한 평가는 대부분이 주관주의로부터 나온 것이다. 그것은 틀림없이 맹동주의盲動主義의 길로 나아가는 결과를 가져올 것이다. 혁명의 주관적 역량을 과소평가하고 반혁명 역량을 과대평가하는 것 역시 부당한 평가이며 필연적으로 나쁜 결과를 가져올 것이다."[24]

현실적인 방안으로 마오쩌둥은 근거지를 확보한 다음 토지혁명으로 경제구조를 바꾸고, 군사적으로는 지방 홍군을 거쳐 정규적 홍군으로 발전시켜 무장력을 키워야 한다고 주장했다. 이렇게 해야 소련처럼 중국도 전국적으로 혁명적 대중의 신뢰를 확보해 공산 혁명에 성공할 수 있다는 것이다. 그러면서 마오쩌둥은 적의 세력이 압도적으로 우세하지만 자기들도 발전할 수 있는 여지가 충분하다는 정세 판단 아래 자신의 '유격 전술'을 이렇게 평가했다.

"우리들이 지난 3년 동안의 투쟁에서 얻은 전술은 실로 동서고금의 전술과는 다르다. 우리의 전술을 사용하면 군중투쟁이 날로 넓게 일어나게 되며, 아무리 강대한 적이라도 우리를 어찌할 수 없게 된다. 우리의 전술이란 유격 전술이다. (중략) 이러한 전술은 마치 그물을 치는 것과 같아서 수시로 그물을 치며 수시로 걷어내야 한다. 즉 그물을 쳐서 군중을 쟁취하고, 걷어내서는 적에게 대항해야 한다. 지난 3년 동안 사용한 것은 모두 그러한 전술이었다."**25**

마오쩌둥이 얘기한 유격 전술은 16개 한자漢字로 구성돼 있는데 내용은 이렇다.

- 적이 전진하면 우리는 퇴각한다! 敵進我退·적진아퇴
- 적이 멈춰서 진을 치면 우리는 그들을 교란시킨다! 敵駐我撓·적주아요
- 적이 피로하면 우리는 공격한다! 敵疲我打·적피아타
- 적이 퇴각하면 우리는 추격한다! 敵退我追·적퇴아추

그의 설명에 따르면, 전략적으로는 적진아퇴敵進我退의 원칙에 따라 방어에 주력하면서 전술적으로는 적피아타敵疲我打와 적퇴아추敵退我追의 원칙에 따라 기회를 포착해 공격을 가한다. 그리고 평상시에는 병력 분산과 대중 획득에 치중하며, 유사시에는 병력 집결과

분산이 자유롭고 신속한 신출귀몰의 전법戰法이라는 것이다.

'새로운 군대'와 '새로운 인민'으로 '새로운 중국'

"마오의 유격 전술은 단순한 군사적 작전기술에 그치는 것이 아니었다. 그의 유격 전술은 적이 갖고 있는 '무력에서의 강점'을 자기들은 그들이 추격해올 수 없는 산간벽지를 근거로 한 '공간에서의 강점'으로 대항하고, '공간에서의 강점'이 적에게 빼앗길 경우 다른 곳으로 여기저기 이동하면서 오랜 시일을 두고 대항하는 '시간에서의 강점'으로 맞서고, 이러는 동안에 어떻게 해서든지 자기들의 '인력에서의 강점'을 조성함으로써 적의 '무력에서의 강점'을 이겨내고자 하는데 그 근본 취지가 있었다."[26]

김상협金相浹 전 고려대 총장이 저서 〈모택동 사상〉에서 내린 분석이다. 김 전 총장은 "무력이 모자라는 것은 공간으로 메우고, 공간이 모자라는 것은 시간으로 메우며, 장기적으로 인력을 형성하는, 최종적으로는 '인력人力'을 가장 중시하는 것이 유격 전술의 기본방침이었다"고 했다. 이런 측면에서 마오쩌둥의 혁신은 군사적 작전기술의 범위를 넘는 광범위하고 중대한 것이었다.

장제스 군대는 당시 용병傭兵 개념에 젖어 있었다. 그러나 마오쩌둥은 홍군에 군인들 자신의 이익과 전체 인민의 이익을 위해 자발적으로 싸운다는 사명감을 심는데 힘썼다. 군대 안에 상하를 구분하는 계급제도와 계급장을 폐지했다. 상관은 사병을 때리지 못하고, 장교와 병사는 평등한 대우를 받고, 병사들도 회의에 참석해 자유롭게 토론할 수 있었다.

명령계통 유지를 위해 '하급 기관은 상급 기관의 독재적 지도 밑에 절대 복종한다'는 집중주의를 도입했다. 군대 내부에 민주적이면서도 집중적인 민주집중제를 수립한 것이다. 마오는 또 홍군과 농민대중과의 접촉을 긴밀히 하고 농민대중에 대한 선전宣傳, 즉 정치 교육과 정치 훈련을 강화했다. 전투 기능 외에 공산혁명의 정치적 과업 수행이라는 역할까지 부여한 것이다.

"홍군은 전투로써 적의 군사력을 괴멸시키는 외에 대중을 선전하고 조직하며 무장시키면서 혁명정권을 수립하도록 대중을 도와주고, 나아가서는 공산당의 조직을 건립하는 등의 중대한 과업을 담당하고 있다. 대중에 대한 선전·조직·무장·혁명 정권의 수립 등의 목표를 떠난 싸움은 무의미한 것이고, 이는 홍군의 존재 자체를 무의미하게 해버린다."[27]

마오는 이와 함께 농민들의 호감을 얻고 이들을 자기편으로 모으기 위해 모든 병사들이 지켜야 할 삼대규율三大規律과 팔항주의八項注意를 제정하고 이를 철저하게 지키도록 했다. 삼대규율은 '명령에 절대 복종하라一切行動聽指揮, 인민으로부터 바늘 한 개 실 한 토리도 뺏지 말라不拿群衆一針一線, 몰수한 적의 재산은 반드시 사령부에 제출하라—切繳獲要歸公' 세 가지다.

팔항주의는 '1. 숙박한 민가를 떠날 때에는 침대로 쓰던 문짝들을 반드시 제자리에 갖다 놓으라, 2. 인민에게 정중히 대하고 인민을 도우라, 3. 인민으로부터 빌린 물건은 반드시 돌려주고 부서진 물건은 반드시 변상하라, 4. 인민들과의 상거래는 정직하게 하라, 5. 위생에 주의하라. 변소는 인가에서 먼 곳에 파고 떠나기 전에 반드시 흙으로 덮으라, 6.인민의 농작물을 손상하지 말라, 7. 부녀자를 귀찮게 굴지 말라, 8.포로를 학대하지 말라' 등이다.[28]

마오쩌둥이 군율을 자세하게 만든 것은 과거 중국의 군대들이 문란한 군기로 약탈·강간 같은 민폐를 끼쳐 민심을 잃은 실패를 되풀이하지 않기 위함이었다. 동시에 인민들을 돕고 포로를 학대하지 않는 새로운 군대를 통해 대민 공작을 원활하게 하고, 홍군으로 자원입대를 늘리려는 목적도 있었다. 마오쩌둥은 일반 농민과 홍군 부대원들을 통합하는 이념적 가치로 반反제국주의, 반反봉건주의, 반反군벌, 반反부르주아 민주혁명을 내걸었다.

요컨대 마오쩌둥의 유격 전술은 정신무장 강화, 민주집중제 확립, 새로운 군율軍律 진작, 혁명 지도이념 제시 등을 통해 '새로운 홍군'과 '새로운 인민 양성'을 겨냥한 총력 조치이다. 따라서 마오의 유격 전술은 〈삼국지〉나 〈수호전〉, 〈손자병법〉 등에 나오는 전통적 유격 전술과 다른 20세기판 혁신 전략이라고 할 수 있다.

〈손자병법〉에 가장 정통한 중국 지도자

이 '유격 전술'의 사상적 토대는 2500여 년 전 중국 춘추전국 시대에 손무孫武가 쓴 〈손자병법〉이다. 마오쩌둥이 적과 자기의 실력을 정확히 평가하고, 적을 과소평가하거나 자기를 과대평가하지 않도록 주장한 것부터 지피지기知彼知己·상대방과 나를 아는 것의 중요성을 강조한 손무의 생각과 일치한다.

〈손자병법〉은 "백성과 지도자가 뜻을 같이 해 함께 죽고 함께 살게 해 백성들이 위험을 두려워하지 않는令民與上同意也 可與之死 可與之生 而民不畏危" 상황이 승리의 조건이라고 밝혔다. 그런데 마오쩌둥 역시 장정 기간1934~35과 2차 국공내전1946~49 시기에 전쟁과 군대 운용의 중심을 백성, 특히 농민들의 마음을 잡는데 두었다.

"전쟁 위력의 가장 깊은 근원은 인민에 있다. 군대는 인민과 한 덩어리가 됨으로써 인민의 눈에 자기의 군대로 보이게 해야 한다. 이러한 군대는 천하무적으로, 승리하는데 어려움이 없다."[29]

마오쩌둥은 군과 인민의 관계를 '물고기와 물처럼 나눌 수 없는 魚水不能分離 관계'로 규정하고 농민들에 정성을 쏟았다. 노력의 결과는 국민당과의 전쟁에서 드러났다. 1947년 초, 장제스의 심복인 '서북왕西北王' 후쭝난胡宗南 장군이 40만의 군대를 이끌고 마오쩌둥의 근거지이던 옌안 소비에트 구역으로 진격했을 때였다.

후쭝난은 어디서도 정보를 제공해줄 주민을 찾지 못해 공산당에

끌려 다녔다. 후쭝난은 "이거야말로 소경이 눈 먼 말을 타고 한밤중에 깊은 연못가에 다다른 격이로구먼!"이라고 한탄했다. 그 일대에 든든한 농민 기반을 구축한 마오쩌둥은 후쭝난 군대의 진격 루트를 손금 들여다보듯 훤히 알고 있었다. 그래서 형식적인 방어전조차 치르지 않고 소수 병력으로 국민당 대군을 괴롭히다가 궤멸시켰다.

마오쩌둥의 홍군은 1934년 10월 국민당군의 대토벌을 피해 장정長征에 돌입해 다음해 10월까지 1년간 미국 대륙을 두 번 횡단하는 거리인 1만2500km를 걸었다. 만년설로 뒤덮인 산맥 다섯 개를 포함해 열여덟 개의 산맥을 넘고, 하루에 한 번 꼴로 전투를 치르고 평균 130km 이동한 뒤 휴식을 취하는 강행군이었다. 출발시 8만여 명이던 인원은 1년 만에 10분의 1로 줄었다. 병사들은 주민들을 강탈해 굶주림과 추위에서 벗어나고 싶은 유혹을 강하게 느꼈지만 홍군은 달랐다.

이들은 '삼대규율'과 '팔항주의'라는 군 규율을 지켰다. 그 결과 홍군은 장정 도중 거쳐간 11개 성마다 농민들의 지지를 받았고, 농민들을 우군으로 만들었다.[30] 봉건시대 중국에서는 "좋은 쇠로는 못을 만들지 말고, 좋은 남자는 군인으로 만들지 말라好鐵不打錠, 好男不當兵"는 속담이 있었으나 홍군은 정반대였던 것이다.

여기에는 홍군 장교들의 우수한 역량이 큰 요인으로 작용했다.

이는 〈손자병법〉이 "전쟁의 본질을 잘 아는 장수는 국민의 생명을 맡은 자요, 국가 안위를 좌우하는 주인공知兵之將 民之司命 國家安危之主也"이라며 장수將校의 역할을 높이 인정한 것과 맥락을 같이 한다. 마오쩌둥은 "전쟁이란 양군의 지휘관이 군사력, 재력 등의 물질적 토대를 기반으로 우세와 주도권을 쟁탈하는 주관적 능력의 경쟁"이라며 정예 지휘관 양성에 전력을 다했다.

"우리는 홍군의 어떠한 지휘관이든지 되는 대로 부딪쳐보는 무모한 자가 되는 것을 용서하지 않을 것이다. 우리는 홍군의 모든 지휘관이 모든 전쟁의 변화, 발전을 구사할 능력을 가진 용감하고도 지혜로운 영웅이 될 수 있도록 이끌어야 한다."**31**

'전략적 퇴각과 반격'의 과학

마오쩌둥의 유격 전술, 이른바 '16자 전법'은 〈손자병법〉에 나오는 "적을 공격하려면 우리가 적의 5배는 되어야 한다用兵之法 五則攻之", "우리가 약하다고 판단되면 도망가라少則能逃之 不若則能避之", "약한 편이 전쟁을 고집할 경우 강한 나라의 포로가 된다小敵之堅 大敵之擒也"는 구절에 영향을 받은 것으로 보인다.

병력과 장비, 훈련, 보급물자 등이 모두 부족한 공산당 군대가 살려면 적군이 공격해올 때는 '전략적 퇴각'을 하되, 반드시 적을 교란하고 피곤하게 만들어 '전략적 타격'의 공간을 넓혔다가 결정적인 시기에 '전략적 반격'을 가해 적을 섬멸해야 한다는 것이다.

마오쩌둥은 "전략적으로 열세인 하나의 병력으로 우세한 적의 열 병력을 당해내야 하며以一當十, 전술적으로는 우세한 열 병력으로 열세인 적의 한 병력을 당해내야 한다以十當一"고 했다. 이 역시 "아군은 하나의 목표에 병력을 집중한 반면, 적은 열 곳에 병력을 분산시킬 경우 아군이 십의 병력으로 일로 분산된 적에게 타격을 가할 수 있다我專爲一 敵分爲十, 是以十攻其一"는 〈손자병법〉 허실虛實 편의 구절과 비슷하다.

마오쩌둥이 〈손자병법〉을 응용한 사례는 더 있다. 징강산 골짜기에 있던 시절, 그는 난징南京에 주둔한 국민당 정부의 정책결정 방향을 속속 파악하고 있었다. 비밀은 국민당 정보 중추기관에 심어둔 첸쫭페이錢壯飛라는 비밀 공작원이었다. 첸쫭페이는 국민당 특무기관 내부의 비밀 암호를 빼내서 장제스가 내리는 지령과 국민당 내부 전보통신문을 해독해 공산당에 보냈다. 장정에 들어간 홍군이 초기에 1만 리약 4천km의 행군 도중 한 번도 국민당군의 매복에 걸리지 않고 포위가 느슨한 곳을 골라 탈출할 수 있었던 것도 간첩의 확실한 정보 덕분이었다.

손무는 〈손자병법〉 용간用間 편에서 "삼군의 친밀함이 간첩보다 친밀함이 없고, 상 주는 것이 간첩보다 후한 것이 없고, 일이 간첩을 부리는 것보다 은밀한 것이 없다三軍之親 莫親於間 賞莫厚 於間 事莫密於

間”고 했다. '적을 아는 것知彼'의 핵심이 간첩에 달려 있는 만큼 간첩을 신중하고 비밀스럽게 운용해야 한다는 주문이다.

마오쩌둥은 중국 근현대 지도자들 가운데 〈손자병법〉에 가장 정통하였고, 가장 효과적으로 재창조한 인물이라 할 수 있다.[32] 그는 〈손자병법〉의 가치를 이렇게 평가했다.

"전쟁은 신神이 조작한 것이 아니라 인간 세계의 필연적인 운동의 하나이다. 그러므로 '상대방을 알고 자기를 알면 백 번 싸워도 위태롭지 않다'는 손자孫子·손무의 높임말의 법칙은 여전히 과학적 진리라고 할 수 있다."[33]

병사들과 동고동락…검소한 의식주

지도자로서 마오쩌둥의 혁신적 삶이 돋보이는 것은 그가 솔선수범하면서 사욕私慾을 떨쳐냈기 때문이다. 그는 아무리 바쁘고 힘들어도 책을 읽고 학습하는 지장智將의 모습을 견지했다. 국민당에게 쫓겨 생명의 위협을 느끼는 징강산과 장정, 옌안 시기 내내 마오쩌둥은 홍군대학紅軍大學, 항일군정대학抗日軍政大學, 공산당 중앙당교中央黨校, 노신魯迅예술대학 등을 만들어 자신이 직접 강의하며 학습에 앞장섰다.

그는 전쟁터에서는 일반 병사들과 한 가족처럼 동고동락했다. 장정 기간 중 마오쩌둥과 그의 부하들은 식사량만 약간 차이났을 뿐 똑같이 한솥밥을 나눠 먹었다. 옌안延安 소비에트 지역에서도 마오쩌둥은 동굴 집에서 다른 병사들과 같이 생활했다. 그가 병사들보다 더 가진 것이라곤 지주에게서 몰수한 모기장 하나였다. 그 외의 재산은 담요와 군복 두 벌, 개인 소지품뿐이었다. 마오쩌둥의 행동은 열악한 상황에 따른 불가피한 측면이 있으나 많은 중국 지도자들의 권위적이고 귀족적인 행태와는 크게 대비됐다. 나아가 홍군들의 사기와 단결력을 높이는 기폭제가 되었다. 〈손자병법〉 지형地形 편의 아래 구절과 동일한 이치에서다.

"병사 보기를 어린 아이 돌보듯 하면 그와 더불어 깊은 계곡에도 갈 수 있고, 병사 보기를 사랑하는 자식 같이 하면 그와 더불어 죽을 수도 있다視卒如嬰兒, 故可與之赴深谿, 視卒如愛子 故可與之俱死"

홍군은 계급장, 직함, 경례가 없는 평등 집단이었다. 장교와 졸병들은 모두 같은 복장을 입고, 공동 식기食器로 공동 식사를 했고, 공동 생활, 공동 작업을 했다. 어려운 일이 있으면 고통을 똑같이 분담했다. 장교들은 적군 장교 개인사항은 물론 대대, 중대 단위 모든 군부대에 관한 정보사항을 기록하여 공유했다. 장교들은 이를 토대로 만든 보고서를 매일 밤 연구하며 전쟁 수행에 활용했다. 홍군은 그래서 국민당 어떤 부대와 어떻게 전투를 할지, 말아야 할지 등을 판단할 수 있을 정도였다.[34]

마오쩌둥도 토굴 벽에 국민당 주요 인사의 얼굴과 약력을 붙여

놓고 틈날 때마다 벽을 보며 그들의 심리와 지휘 스타일을 궁리했다. 이런 습관은 한국전쟁에도 이어져 마오쩌둥은 맥아더 장군의 성격을 전문적으로 연구했다고 한다.[35] 적군 지휘관의 심리를 파악해 평정심을 뒤흔드는 것은 마오쩌둥 특유의 전술이었다.

이런 가운데 마오쩌둥은 혁명 투쟁기는 물론 집권 후에도 검소하게 살았다. 1950년대 마오의 수행비서였던 셰징이謝靜宜의 증언에 따르면 마오는 여름과 겨울 각 한 벌의 외투를 갖고 있었는데, 그의 와이셔츠는 항상 뒷면에 크고 작은 구멍이 가득해 낡은 흰 헝겊을 덧대서 수선한 것이었다.[36]

구멍난 옷 입고 신중국 개국 선포

1949년 10월 1일에도 마오쩌둥은 구멍난 셔츠와 바지를 입고 천안문 망루에 올라가 신중국 개국을 선포했다. 당시 의전 담당 비서였던 마우이馬武義는 "나는 양모로 된 셔츠와 바지를 들고서 마오 주석이 옷 입는 것을 도와주었다. 그런데 털옷 소매와 털옷 바지의 무릎 쪽에 두 개의 큰 빵떡 크기의 구멍이 나 있었다"고 증언했다.[37] 옌안 시기 내내 그의 식사는 병사들과 똑같이 하루 두 끼였고, 매 끼니는 반찬 두 개와 국 한 그릇이 전부였다.

마오쩌둥은 4차례 결혼했는데, 두 명의 부인을 적에 희생당했다. 두 번째 부인 양카이후이楊開慧는 30세에 국민당 계열 군벌에

총살당했고, 세 번째 부인 허쯔전賀子珍은 장정 중 국민당군의 폭격으로 20개의 파편을 맞아 중병을 앓다가 사망했다. 그는 또 장정 중 자녀 다섯 중 세 명을 농가에 맡겼다가 잃었다.[38]

부패 않고 수천 년 된 세습 정치와 절연

마오쩌둥은 가장 아끼던 장남 마오안잉毛岸英·1922~50이 소련 유학 후 귀국하자 노동대학으로 보내 노동자들과 함께 일하며 현장을 공부하도록 했다. 그가 "한국전쟁에 참전하겠다"고 하자, 마오는 "내 아들의 죽음이 무서워 참전을 피한다면 누가 아들을 전쟁터에 보내겠는가"며 허락했다. 마오안잉은 참전한 지 얼마 안 돼 사망했다. 그러나 마오쩌둥은 의연함을 잃지 않았다.

그는 평생 사私는 미루고 공公을 앞세웠다. 아편전쟁과 태평천국의 난, 그리고 베이징 함락과 의화단의 난에 이르기까지 60년 동안 벌어진 열강과의 싸움은 중국인에 큰 상처를 냈다. 뒤이어 국공내전과 일본의 대륙 침공 같은 대란을 겪은 마오쩌둥에게 '중국의 영광 회복'은 필생의 목표였다. 마오쩌둥이 항일 전쟁기간 중 목숨 걸고 싸운 국민당군과 달리 일본과의 항쟁에 소극적으로 임하며 공산당 세력 확장만 꾀했다는 비판도 있다. 중국 대륙을 침공한 일본에 마오쩌둥이 협력했다는 주장도 나온다.[39]

하지만 그는 개인적으로 부패하지 않았고, 아시아의 오랜 전통인 세습 정치와도 절연했다. 그런 점에서 마오쩌둥은 새로운 이정표를 세웠다. 그러나 대약진운동1958~60, 문화대혁명1966~76 같은 과대망상적인 정책으로 수천만 명의 목숨을 희생시킨 것은 씻을 수 없는 과오이다.

성공의 길은 험난하다. 시대 변화를 읽고 시대와 호흡하며 한마음으로 매진해 정상에 도달해도 다시 또 난관이 시작된다. 잠깐 안주하는 순간 균열이 생기고 영광의 빛도 사라진다. 혁신을 하는 것도 힘들지만 그것을 지속 발전시키는 것은 더욱 고단하다.

노자老子는 〈도덕경道德經〉에서 '화복의복禍福倚伏'이라고 했다. "화와 복이 서로 기대어 엎드려 있다"는 말로, "화禍 가운데 복이 있고 복福 가운데 화가 있다"는 뜻이다. 마오쩌둥도 이런 세상 이치에서 예외일 수 없었다.

4

리카싱李嘉誠

만 90세가 훌쩍 넘은 리카싱李嘉誠·1928~·중국 표준어 발음으로는 리자청 홍콩 청쿵長江 그룹 창업자 겸 고문은 '전방위 혁신가'이다. 동양문화권에 수천 년 동안 내려온 여러 방식과 단절하고 새로운 가치관을 행동으로 옮겨오고 있기 때문이다. 그가 이룬 혁신은 다방면에서다. 개인으로서, 기업가로서, 부자富者로서, 조직의 장으로서, 부모로서…. 각각에 부여되어온 존재 이유와 업業에서 탈피해 그는 새로운 유형의 삶을 보여 왔다.

'리카싱표標 혁신'이 가장 쉽게 드러나는 것은 외관外觀, 즉 차림새에서다. 170cm 남짓한 키의 그는 항상 큰 검은색 뿔테 안경을 끼고 있다. 개인 재산 294억 달러약 35조원·2019년 6월 미국 〈포브스〉지 기준를 가진 홍콩 1위, 세계 30위 부호인데 머리부터 발끝까지 그가 몸에 착용하는 어디에도 명품名品 브랜드는 없다. 과거에도 없었고, 앞으로도 그가 세상을 뜰 때까지 없을 전망이다.

뿔테 안경은 보통 제품이고, 신발과 양말도 평범한 것이다. 양복은 검은색을 주로 입는데 10년 이상 된 것이다. 구두는 반드시 밑창을 갈아 해어질 때까지 신는다. 길거리에서 만난다면 외관으로 그가 세계적인 수퍼리치super-rich·超富者라고 여길 사람은 없다. 인자하고, 깔끔하고, 지적知的이며 쾌활한 이웃집 할아버지로 생각할 뿐이다. 출퇴근할 때 그가 타는 승용차 역시 30년 넘게 같은 롤스로이스이다.[1]

손목시계는 그 결정판이다. 2006년 10월 20일과 25일 두 차례에 걸쳐 필자가 리카싱을 만나 인터뷰했을 때, 그가 차고 있던 시계는 50달러약 6만원짜리 일본 세이코Seiko 제품이었다. 2016년부터 300달러36만원짜리 일본 시티즌Citizen 손목시계로 바꾸었는데 이걸 사치라고 할 수 있을까.

홍콩과 중국 부자들은 개당個當 수천만원~억대 손목시계를 여럿 사놓고 매일 또는 요일별로 바꿔 차는 게 제법 오래된 그들만의 스타일이다. 리카싱의 차림새는 이들과 천양지차天壤之差다. 생각하는 발상의 기준점이 다른 곳에 있는 것이다. 리카싱은 대신 손목시계의 시계바늘을 30분 당겨 놓고 있다. 이유에 대해 그는 "내가 약속을 잊더라도 30분이면 홍콩 시내 어디든 갈 수 있어서"라고 말한다.[2]

그는 10여 년 전만 해도 손목시계 바늘을 8분 빠르게 맞춰 놓았었다. 8분으로 한 것은 중국어 발음으로 '8八·빠로 발음'은 돈을 잘 번다는 뜻인 '發파'와 발음이 비슷하다는 이유에서였다. 80세가 넘으면서 30분으로 늘린 것은 일상에서 더 벗어나 삶에 여유를 갖고 관조觀照하고 있다는 신호라고 할 수 있을 것이다.

6만원짜리 손목시계 맨 최고 부자

리카싱의 검소한 생활은 뿌리가 깊다. 그가 밝힌 일화이다.

"10대에 시계회사 외판원과 플라스틱벨트 회사 영업사원 시절, 받은 월급의 90%를 어머니에게 드리고 나는 한 푼도 그냥 쓰지 않았다. 이발理髮은 삼 개월에 한 번씩 했는데 나중에는 스님처럼 빡빡 깎았다. 3년 8개월 동안 영화관에 한 번도 가지 않았다. 관람료가 꽤 비쌌기 때문이다. 가족을 위해, 나중의 사업 자금을 위해 단돈 1전이라도 저축하려 했다."[3]

중국 남부 광둥성 차오저우潮州에서 태어난 리카싱은 중일中日 전쟁의 전란을 피해 초등학교 교장을 지낸 아버지와 함께 1940년 가족 전체가 홍콩으로 왔다. 그런데 홍콩에서 결핵을 앓던 아버지가 세상을 떠나자, 장남인 리카싱은 13살 때부터 소년가장이 됐다. 찻집 종업원을 시작으로 외판사원 등으로 일했다. 중학교 1년을 중퇴한 그는 중학교 교재를 사서 혼자 공부했는데, 그것도 모두 헌 중고中古 책들이었다. 다 본 다음엔 헌책방에 다시 팔았다. 22세에 청쿵플라스틱을 세워 사장이 된 후에도 자가용은커녕 버스·페리 같은 대중교통을 탔다. 웬만한 곳은 빠른 걸음으로 걸어 다녔다. 외판원으로 일할 때 홍콩 전역을 돌면서 몸에 밴 속보速步는 그의 평생 습관이다.[4]

리카싱은 와인 한 방울조차 술을 마시지 않는다. 담배와 춤에는 손대본 적 없는 문외한이다. 집은 1963년 결혼 직전에 구입한 3층 양옥집주소는 리펄스베이 로드·RepulseBay Road 79번지에서 한 번도 이사 가지 않고 60년 가까이 살고 있다. 자신이 3층에 살고, 장남 아들 내외와 손자 손녀들은 2층에 있다. 리카싱은 1993년 큰 아들의 결혼식 무렵 자신의 집을 공개했는데, 한 층의 면적은 $185m^2$약 56평 정도라고 한다.

그는 저녁식사도 집에서 하는 날이 많다. TV와 사진 등에 잡힌 리카싱의 식사 메뉴는 반찬 네 가지에 국 한 그릇이 전부다. 이 '1탕湯 4찬饌'은 1950년 초부터 변함이 없다. 아들이나 손자 손녀들과 함께 할 때도 똑같다. 고기보다 야채와 두부 등을 즐겨선지 그의 몸무게는 1967년부터 65~68kg을 유지하고 있다.[5]

리카싱의 이런 모습은 부자나 권력자가 되거나 세상에서 출세하면 호의호식好衣好食하며 향락을 누리는 걸 당연시해온 동양의 상류층 문화에 대한 일대 단절이다. 특히 동아시아에서는 '서중자유천종록書中自有千鍾祿·송ㅣ라 진종眞宗의 말로 '날 속에 많은 보화가 들어 있다', 즉 학문을 많이 하면 많은 재물이 절로 생긴다는 뜻'에서 보듯 공부하는 것조차 부귀영화를 얻기 위함이라는 관념이 많았다.

그런 점에서 리카싱은 '돈 많은 부자라면 이렇다'라는 정의定義를 새롭게 썼다. 그리고 새로운 모델을 행동으로 보여주고 있다. 그가 사는 방식을 보노라면 노자老子가 쓴 〈도덕경道德經〉에 나오는 "소박함을 지키고 욕심을 줄인다見素抱撲 少私寡欲"는 가르침이 떠오른다. 리카싱은 동양이란 공간을 초월하면서도 검박한 삶을 강조하는 도가道家 가치관과 맞닿아 있다.

리카싱의 기상 시간은 평생 오전 5시 59분이다. 취침시간이 늦거나 천둥이 치거나 폭우가 쏟아져도 똑같다. 그가 62세이던 1990년 1월 1일, 네 살 아래인 부인 쫭웨밍莊月明 여사가 요절했다. 하지만 그후 리카싱은 어떤 여성과도 스캔들이 없었다. 주체할 수 없을 정도로 돈 많은 부자이면서도 스스로 수도승이나 신부神父처럼 살고 있는 것이다. 건강 관리법도 단순하다. 수영과 출근 전 매주 2~3차례 아침에 파par3 골프 홀을 도는 게 거의 전부다.

그래선지 그를 두고 대기업 횡포나 갑甲질을 꺼내며 비난하는 홍콩인은 극소수이다. 오히려 홍콩이 자랑하는 관광 명소인 홍콩섬 피크트램Peak Tram의 리카싱 밀랍인형 앞에는 악수나 기념사진을 찍으려는 시민과 관광객들이 일 년 내내 줄을 잇는다. 생존해 있는 그는 벌써부터 세계인들의 사랑과 존경을 받고 있다.

2018년 6월 홍콩 증시 상장上場·IPO을 앞두고 몸이 열 개라도 모자랄 정도로 바쁜 중국 신흥 IT 기업 샤오미小米의 레이쥔雷軍·1969~ 회장 겸 창업자는 그 해 5월 3일 리카싱을 예방禮訪한 뒤 '중국판 트위터' 웨이보微博에 이런 글을 올렸다.

"오늘 오전 리카싱 선생님을 만난 건 행운이었다. 그에게 샤오미를 소개하고 최근 신제품도 보여드렸다. 소중한 시간을 빌어 미·중 무역 분쟁 등에 대한 선생님의 견해도 여쭤봤다."

레이쥔이 리카싱을 찾아간 것은 군림·탐욕·향락과 정반대로 살고 있는 리카싱에게서 나오는 삶의 향기 때문이 아니었을까.

'지식'이 인생을 바꾼다…기업가 모델 혁파하다

리카싱은 2017년 5월 인공지능AI '알파고'를 만든 IT 기업 딥마인드DeepMind의 창업자인 데미스 허사비스 최고경영자CEO와 응용 AI부문 총괄책임인 무스타파 술레이만을 홍콩으로 초청했다. 두 사람은 5월 26일 리카싱 앞에서 최근 AI 동향과 각종 성과를 들려줬다. 그때마다 리카싱은 진지한 표정으로 메모했다. 때로는 너무 흥분해 수차례 일어나기도 했다고 언론들은 전했다.

다음날 리카싱은 인공지능 머신 알파고와 중국 커제柯潔 9단과의 특별 바둑 대국 중계를 봤다. 그의 'AI 과외공부'에 대해 중국 웨이보 등에는 "아흔 살 고령인데도 고등학생처럼 열심히 메모하고 질문을 거듭하다니 대단하다" 같은 댓글들이 달렸다.

학습하는 기업가는 요즘 우리나라에도 많다. 그러나 리카싱만큼 학습과 공부를 생애에 걸쳐 즐기고 좋아하는 이는 드물다. 첫 직장인 찻집에서 1년여 종업원으로 일한 소년 리카싱은 손님이 없거나 한가할 때면 기둥에 기대 영어 단어를 외웠다. 식구들의 잠을 방해하지 않기 위해 집 밖으로 나가 가로등 밑에서 영어와 광둥어廣東話·Cantonese·홍콩과 광둥성 지역에 통용되는 언어 공부를 한 날은 셀 수 없을 정도로 많다.

시계회사와 플라스틱 회사 때엔 하루 16시간씩 주 7일 근무했다. 외판사원으로 종일 홍콩섬과 카우룽九龍 반도 일대를 돌아다닌 그는 퇴근할 때 다리가 천근만근처럼 무겁게 느껴졌다. 그래서 눈 감고 졸면서 집으로 걸어온 적도 많았다고 한다. 하지만 집에 와서도 잠자는 시간을 줄이고 책을 읽었다. 1946년부터 49년까지 플라스틱벨트 회사에서 일할 때였다. 사장 개인 비서가 병가를 떠나 회사를 비운 바람에 리카싱은 회사 공문서 작성과 사장의 편지 쓰는 일을 수개월 동안 했다.

사장은 리카싱이 만든 각종 문서와 업무 능력을 높이 평가해 곧 그를 승진시켰다. 얼마 후 사장이 신년회에서 "영업 실적을 평가해 급여를 다르게 하고 연말에 1등을 크게 포상하겠다"고 했다. 이에 리카싱은 영업직 근무를 자원해 외판사원이 됐다. 회사 영업사원 7명 중 리카싱이 가장 어리고 경험도 없었다. 리카싱은 상권商圈 특성을 자세하게 분석하고 거래 상대방마다 영업 방법을 다르게 했다. 그 해 연말 리카싱은 영업사원 1등이 됐다. 2등보다 실적이 7배나 많았다. 입사 3년 만에 공장 책임자로 특진한 리카싱은 "이 때부터 나는 지식이 인생을 바꿀 수 있음을 더욱 확신했다"고 말했다.

"내가 가진 것은 오직 지혜와 학습과 노력뿐"

1950년 22살 때, 5만 홍콩달러약 750만원로 청쿵플라스틱을 세워 사업가로 길을 시작했을 때도 마찬가지다. 리카싱은 "그때 너무 힘들었으나 '가진 것은 오직 지혜와 학습과 노력뿐'이라는 각오로 최신 흐름을 좇는 데 매진했다"고 회고했다. 사장이던 그는 회계·부기 관련 책들을 사서 혼자 공부해 1년 만에 정복했다. 그리고 그 해 각종 회계서류를 직접 작성해 세무당국에 냈다.

그가 1950년대 후반 홍콩 사회에 혜성처럼 등장한 것도 학습의 힘 덕택이었다. 청쿵플라스틱은 첫 해부터 흑자를 매년 냈으나 성장은 더뎠다. 리카싱은 잠자리에 들기 전에 책·잡지를 30분~1시간 정도 정독하는 습관을 갖고 있었다. 1956년 어느 날 밤, 영문 전문잡지 〈플라스틱Plastic〉에서 "이탈리아의 한 회사가 플라스틱 조화造花 시제품 생산에 성공해 곧 대량 생산에 들어갈 예정"이라는 기사에 그의 눈이 번쩍 뜨였다.

히트 상품이 될 것임을 직감한 그는 즉시 이탈리아로 날아갔다. 해당 기업을 찾아가 천신만고 끝에 제품 관련 정보와 제조 노하우를 익혀 귀국했다. 연구개발에 힘써 그는 단일 규모로 세계 최대 플라스틱 조화 공장을 만들어 큰돈을 벌었다. '조화 대왕造花大王'이란 별명도 생겼다.

리카싱은 "나는 사업가로서 약점이 많아 훌륭한 비즈니스맨이 못 된다"고 말한다. "사람 접대에 능하지 못하고, 비즈니스 관계를 맺는데 서툴고 감정에 쉽게 이끌린다"는 이유에서다. 하지만 이런 단점을 넘어설 수 있는 비장의 카드를 그는 갖고 있었다. 그것은 '끊임없이 배우고, 혁신하려 열심을 다하는 마음'이었다. 리카싱은 강조한다.

"접대하고 사업 파트너들과 어울리는 데 쓰는 시간을 최소화하는 대신 스스로 공부하고 분석하고 판단하는 힘을 키웠다. 그것이 성공의 핵심이다."

그가 말하는 지식은 업종 동향이나 기술 정보, 처세술이나 석·박사 학위를 위한 공부만이 아니다. "더 넓은 비전과 비판적 사고력, 건설적 진보를 위한 논리적 귀납 같은" 세상 흐름을 보는 안목을 포함한다. 대국大局을 보는 거시적 시각과 업종 전문지식을 아우르는 종합적인 것이다.

리카싱은 지금도 매일 세계 각국 유명 신문과 방송을 유심히 챙긴다. 세계 정치 · 경제 흐름과 최첨단 IT 동향까지 잘 알고 있는 배경이다. 자발적인 흥미와 호기심에 따른 독서도 하지만 사업상 중요 사안이라고 여기면 새벽 2~3시까지도 책을 놓지 않는다. 그는 지식의 중요성을 이렇게 말했다.

"사업에서 성공하려면 열심히 일하고, 인내력과 강한 의지를 가져야 한다. 이것만으로 충분치 않다. 더 중요한 것은 지식knowledge이다. 특히 자신의 비즈니스 분야에서 가장 업데이트된 지식을 가져야 한다. 미래 자기 비즈니스가 어떻게 발전할지에 대한 지식도 필수적이다. 마지막으로 정직과 신뢰로 자신에 대한 좋은 평판評判을 쌓아야 한다."[6]

배우고 혁신하며 열심 다하는 마음

이런 생각은 '재벌 총수는 호화로운 곳에 기거하며, 학습은 참모들이나 외부에 맡기고 군림하는 존재'라는 고정관념을 깨는 '파괴적 혁신'이다. 우리나라에서도 골프 등 각종 접대와 의전儀典, 불요불급不要不急한 회식을 배격하면서 학습 · 성찰이란 핵심에 집중하며 성공적으로 기업을 운영하는 기업가들이 조금씩 늘고 있다.

리카싱의 70여년 사업 행로를 추적해보면 몇 가지 뚜렷한 원칙이 드러난다. 첫 번째는 '여시구진與時俱進', 즉 "시대와 호흡하며 함께 나아간다"이다. 리카싱은 시대 변화와 세계 흐름에 발맞춰 주력 업종과 투자 대상 국가를 바꾸어가며 뛰어난 실적을 내왔다.

사업 초반 플라스틱 조화로 큰돈을 번 그는 1960년대 중반부터 부동산으로 눈을 돌렸다. 그러나 당시 부동산 시장에는 찬바람이 불었다. 1964년에는 홍콩의 모든 은행이 문을 닫을 정도로 경기가 바닥이었다. 1967년에는 친親중국계 좌파 인사가 공장 노사분규를 틈타 벌인 파업 시위가 반영反英 폭동으로 비화되면서 홍콩 전체가 극도 혼란에 빠졌다. 1970년대 초반에는 이스라엘과 중동국들 간의 전쟁으로 1·2차 오일 쇼크가 터져 경제가 휘청거렸다. 집값 하락은 건물·상가 침체로 이어졌다. 하지만 리카싱은 거꾸로 이 때부터 저가低價 부동산을 대거 매수해 나갔다.

1971년 청쿵부동산을 세웠다가 이듬해 회사 이름을 청쿵실업長江實業으로 바꾸고 홍콩 증권시장에 상장시켰다. 이것은 '리카싱 부동산 왕국'을 향한 신호탄이었다. 리카싱은 1970년대 내내 고층 건물과 아파트, 상가, 오피스텔 등을 지어 잇따라 분양을 매진시켰다. 1976~77년 홍콩섬 중심부 센트럴Central·中環과 애드머럴티Admiralty·金鐘 역세권 개발로 홍콩 역사상 건물 분양가 최고 기록을 세웠다. 월드센터센트럴역 옆와 해부센터애드머럴티역 인근 두 건물 개발로 리카싱은 단숨에 7억 홍콩달러약 1050억원를 벌었다. '조화 대왕'이던 리카싱의 별명은 '부동산 대왕'으로 바뀌었다. 청쿵실업은

1980~90년대 중국 본토에 진출해 부동산 투자로 막대한 수익을 냈다.

시대와 호흡하고 빚 없는 경영

1979년에는 홍콩인으로는 최초로 식민 종주국 영국 기업을 통째로 인수했다. 대상 기업은 항만개발·에너지·운송·금융 등을 하는 '허치슨왐포아Hutchison Whampoa·和記黃埔'였다. 허치슨왐포아 인수에는 리카싱이 평소 우호적 관계를 맺고 있던 홍콩상하이은행 HSBC·滙豐과 중국 중앙정부의 지지가 큰 힘이 됐다. 1985년 홍콩 최대 전력회사인 홍콩전력HongKong Electric·港燈을 인수하고, 캐나다 토론토 소재 힐튼호텔, 캐나다 임페리얼상업은행 주식을 사들여 글로벌 기업으로 변신 시동을 걸었다.

리카싱은 1980년대 후반부터 세계를 상대로 IT·유통·소매 등으로 사업을 확장했다. 홍콩 주권의 중국 반환1997년과 아시아 외환위기1998년, 사스SARS·중증급성호흡기증후군·2003년 같은 위기도 그에겐 큰 타격을 주지 못했다. 2000년대 첫 10년에는 중국 대륙에, 다음 10년인 2010년대 들어서는 유럽으로 주 공략지를 바꾸었다. 특히 '해가 지지 않는 제국' 영국에 대한 집중 투자가 돋보였다. 2010년 영국 최대 전력회사인 'UK 파워네트웍스' 인수91억 달러를 시작으로 다음해에는 영국 최대 물*기업인 노섬브라이언워터40억 달러, 프랑스전력공사EDF의 영국 내 송전망 사업을 확보했다.

2012년 7월에는 영국 가스공급업체인 '웨일스 앤드 웨스트 유틸리티스WWU'를 인수해 영국 가스 공급망의 4분의 1을 장악했다. 건강용품·화장품 체인점 '수퍼드러그Superdrug', 이동통신 서비스 기업 '스리Three', '맨체스터공항공사MAA' 등 20여 개 영국 기업에도 대주주가 되거나 상당한 지분 투자를 했다. 리카싱은 영국 투자 이유에 대해 "큰 비즈니스 기회는 오히려 유럽이나 영국처럼 가라앉은 곳에 있다. 법치 문화가 확고한 영국에서 SOC사회간접자본 사업은 안정된 수익을 내는 매력적인 투자처이다"고 말했다.[7]

리카싱의 유연한 변신은 그가 좁은 업종 범위를 넘어 홍콩과 세계 정치·경제의 판세를 폭넓게 읽으며 예견하는 안목眼目을 갖췄기에 가능했다. 1970~80년대에는 홍콩이 '아시아의 4룡龍'으로 뜰 것을, 베를린 장벽 붕괴1989년 후 1990년대엔 세계화 진전을, 2000년대에는 중국의 부상浮上을 각각 미리 내다봤기 때문이다. 2008년 글로벌 금융위기로 유럽이 타격받은 상황을 리카싱은 자신에게 유리한 방향으로 활용했다.

두 번째는 안정적인 현금 흐름cash flow을 최우선시한다는 것이다. 그는 "사업 운영에서 두 가지 신조를 지켜오고 있다. 하나는 아주 신중한 현금 관리이며, 다른 하나는 절대 도박하듯 투자하지 않는다는 것"이라고 했다.[8] 그는 기업 회계에 매우 보수적인 방식을 적용해오고 있으며, 1956년부터 지금까지 일절 빚 없는 '무無부채 경영'을 고수하고 있다.

"수십 년 동안 나는 개인 빚을 지지 않고 있다. 계열사들이 빚을 일부 갖고 있더라도 금융사가 연락 오면 24시간 내에 모두 갚을 수 있다. 최장 72시간3일 내에 전부 상환할 수 있다. 1950년대 이후 수많은 사건이 벌어졌지만 청쿵그룹의 재무 상태가 위험하다는 얘기는 한 번도 난 적이 없다. 나는 항상 최악에 대비해왔다."9

핵심 사업에 진력盡力하면서 다른 영역으로 확장을 모색하되 항상 충분한 현금을 확보해 놓고 있기에 흔들림이 없었다는 얘기이다. 그의 비즈니스 좌우명인 '안정을 유지하면서 전진하고, 전진하면서 안정을 유지하는 것發展中不忘穩健 穩健中不忘發展'은 이런 자세를 가리킨다. 이런 원칙을 지킴으로써 리카싱은 인수합병M&A에서 승리한 기업들이 많이 부딪치는 '승자의 저주winner's curse·인수한 기업이 많은 비용을 지불하다가 위험해지는 상황'에 한 번도 빠지지 않고 승승장구할 수 있었다.

"업무시간의 70~80%는 미래 준비에"

리카싱은 2006년 10월 인터뷰에서 "주말이나 퇴근 후는 물론 업무시간 중에도 90% 이상을 내년이나 5년, 10년 후의 일을 생각하고 준비하는데 바친다"고 말했다. 그로부터 10년 후인 2016년 블

룸버그와의 인터뷰에서도 그는 "나의 경영활동을 돌아봤을 때 전체 시간의 20~30%만 공장이나 제품 관련으로 보냈고, 70~80%는 미래를 궁리하고 대비하는데 쏟았다"고 했다.**10**

부단한 미래 대비 노력으로 리카싱은 경쟁자들보다 빠른 선견先見의 눈을 갖고 더 빠르게 행동[先行]할 수 있었다. 이것이 그를 최강의 불패 기업가로 만들었다. 인구 750만 명의 홍콩은 '리카싱 도시'나 마찬가지다. 청쿵그룹중국어로는 '창장'으로 발음되는 청쿵이란 이름은 중국 대륙을 동서로 흐르는 양쯔강[長江]에서 따왔다. '크고 작은 시냇물을 가리지 않는다'는 뜻이다의 손이 뻗치지 않은 곳이 없기 때문이다.

홍콩 내에만 7만여 채의 빌딩과 아파트를 소유하고 있는 청쿵은 교량과 도로, 지하철, 항만 등 인프라를 건설해온 주역이다. 전기 · 통신 · 인터넷 · 슈퍼마켓인 왓슨드럭스토어와 파큰숍, 하버플라자 쇼핑몰까지 포함하면 청쿵의 사업 범위는 무궁무진하다. 리카싱이 대주주로 있는 14개 상장기업들의 매출액 합계는 800억 달러약 96조원, 2015년 기준가 넘는다. 그는 52개국에 진출해 32만 명의 종업원을 두고 있다.

리카싱의 혁신가적 면모는 80대 고령인데도 IT정보기술 공부에 열정적이고, 첨단 IT 기업에 활발하게 투자하는 데서도 확인된다. 그가 개인 소유한 벤처캐피털 기업 호라이즌벤처스Horizons Ventures는 딥마인드의 창립 초기인 2010년부터 주요 투자자였다. 2014

년 구글이 딥마인드를 인수할 때 리카싱은 지분을 팔아 수배의 차익을 벌었다. 인터넷전화서비스 스카이프Skype·2005년, 소셜네트워크서비스SNS 페이스북Facebook·2007년, 음성인식기술기업 시리Siri·2009년, 캐나다 전자책e-Book 회사 코보Kobo·2009년, 음악 스트리밍업체 스포티파이Spotify·2009년, 인공지능 스타트업 어펙티바Affectiva·2012년 등…. 이 회사들에 리카싱은 초기 단계부터 투자해 큰돈을 벌었다.[11]

AI·비트코인·로봇·빅데이터에 투자

그는 '비트코인' 열풍이 세계적으로 불기 4년 전인 2014년 비트코인에 1억 홍콩달러약 150억원를 투자했었다. 2016년 11월에는 뉴질랜드의 감정표현 AI 기업 소울머신Soul Machines에 750만 달러를 투자했고, 3D 프린팅을 이용한 자동차 생산, AI·빅데이터·하이테크 푸드 등과 관련한 스타트업에도 계속 투자하고 있다. 호라이즌벤처스가 투자해 거둔 수익금 전액은 리카싱기금회李嘉誠基金會·리카싱이 세운 자선재단로 보내 비영리 자선활동에 쓴다.

홍콩의 마지막 총독을 지냈던 크리스 패튼Chris Patten 경卿은 리카싱에 대해 "그는 상업적 본능이 천재天才에 근접한 세계적으로 매우 희귀한 인물이다"고 평가했다. 하지만 리카싱 자신은 정작 자신의 실력에 대해 이렇게 말했다.

"20세 전에 거두는 성과는 100% 부지런함으로 얻어진다. 20세에서 30세까지는 성공의 10%는 운運, 90%는 노력으로 얻어진다. 그 이후에는 운의 비중이 점점 커진다. 지금 내 경우에는 운이 30~40%를 차지하고 있다."

리카싱은 행운아다. 그러나 아무리 운運 좋은 사람이라도 노력이나 준비하지 않고 '나무에서 감 떨어지기'만 기다린다면 행운은 그를 외면할 것이다. 리카싱은 타고난 운에다가 부단한 노력과 준비로 더 큰 운을 만들어낸 게 아닐까. 리카싱의 삶을 보노라면 '운은 자신을 혁신해 창조하는 것'이라는 말이 설득력 있게 다가온다.

냉정과 인내, 타이밍…돈 버는 법 혁신하다

그가 세계적 부호가 된 방식도 남다르다. 큰돈을 벌기 위해, 또는 점 찍어둔 기업을 차지하기 위해 탐욕스럽거나 성급하게 투자하는 경우가 거의 없기 때문이다. 대신 그는 냉정함을 유지하면서 이성적·합리적 판단을 했다. 달리 말하자면 리카싱은 참으며 기다릴 줄 알았다. 눈앞의 이해利害에 마음을 빼앗겨 서둘러 행동하려는 본능과 욕구를 누르면서 가장 좋은 시점이 올 때까지 인내한 것이다.

이는 호암 이병철李秉喆 삼성그룹 창업주가 성공하기 위한 3가지 요소로 꼽은 '운·둔·근運鈍根'과 비슷하다. 이병철은 "운이 따르려면 운이 트일 때까지 둔하게 버티면서 기다리는 끈기와 근성이 있어야 한다"고 말했다. 리카싱 역시 냉정하게 인내하고 있다가 "지금이 최고 시점이다"라는 확신이 들면 먹잇감을 잽싸게 채갔다.

1985년 그가 인수한 홍콩전력이 그랬다. 영국 식민지 시절인 1890년 12월부터 홍콩에 전기를 공급해온 홍콩전력은 경영이 안정적이며 수익성도 높은 알짜 기업이다. 1981년 초부터 내로라하는 홍콩 기업들이 손에 넣으려고 눈독을 들였다. 그 중 영국 자딘 매디슨Jardine Matheson·怡和洋行의 계열사인 홍콩랜드가 홍콩전력 주식을 사들이며 선수先手를 치고 나왔다. 내심 홍콩전력을 탐내던 리카싱은 고민하다 인수 경쟁을 포기했다.

자딘 매디슨과의 맞대결에 자신이 없었을 뿐더러 "회사 매입은 골동품 구매와 달리 무조건 해야 하는 일은 아니다"는 생각에서였다. 1982년 4월 홍콩랜드는 시가보다 31% 정도 비싼 가격에 홍콩전력 주식 2억2천만 주를 사들였다. 그러나 홍콩랜드는 얼마 되지 않아 무리한 인수합병으로 보유 현금이 고갈돼 은행에서 거액 대출을 받아야 했다. 1983년 들어 홍콩 부동산 시장이 또다시 폭락하자 자딘 매디슨은 그 한 해에 13억 홍콩달러의 적자를 봤다.

경영난에 몰린 홍콩랜드는 리카싱에게 홍콩전력을 사달라고 요청해왔다. 리카싱은 '홍콩랜드의 구세주救世主'가 된 것이다. 그는 3년 전 홍콩랜드가 사들인 값보다 훨씬 낮은 가격에 홍콩전력을 수

중에 넣었다. 이런 리카싱을 '기회주의자opportunist'라고 부를 것인가. 오히려 그는 종합적인 정세 파악에 탁월하고 발군의 타이밍 감각을 지닌 승부사勝負士라고 하는 게 더 맞을 것이다.

한 전문가는 이에 대해 리카싱이 병법서 〈삼십육계36計〉에서 28번째 계책인 '상옥추제上屋抽梯' 전략을 구사했다고 분석한다.[12] '상옥추제'는 "상대방이 지붕 위에 올라가게 한 다음 사다리를 치워버린다"라는 말이다. 적弒을 유인해 사지死地에 빠뜨리거나 곤란한 상황에 처하게 한 다음 주도권을 잡는다는 뜻이다.

1989년 영국의 이동통신사 래빗Rabbit을 5억 달러를 주고 샀다가 되파는 과정에서도 리카싱은 절정의 감각을 구사했다. 영국, 이스라엘, 홍콩, 호주 등에서 호출기 서비스를 하던 래빗은 인수 후 2년간 별 수익을 내지 못했다. 그래서 리카싱은 래빗 매각 협상에 나섰다가 막바지에 전격 중단했다. 협상 상대방이 "패전국 다루듯 무리한 요구를 한다"는 실무진의 전화 보고를 받고 나서였다.

리카싱은 회사 이름을 래빗에서 오렌지Orange로 바꾸고, 1994년 84억 홍콩달러를 들여 네트워크·설비투자를 했다. 적자사업에 돈을 퍼붓는데 대해 비난 목소리도 있었지만, 리카싱은 "기다리면 더 좋은 기회가 반드시 올 것"이라고 확신하고 있었다. 곧 이어 개인 휴대전화 시대가 열리자, 리카싱은 가입자 확보에 나서 1997년 영국에서 100만 명을 모았고, 1999년에는 가입자를 350만 명으로 늘렸다.

그러자 유럽 최대 통신기업인 만네스만Mannesmann이 오렌지 인수에 나섰다. 1999년 11월, 리카싱은 오렌지의 주식 48%를 만네스만에 팔았다. 이 한 건 매매로 그는 150억 달러약 18조원를 벌었다. 초기 투자비 대비 수백 배의 차익이었다. 이때가 리카싱 비즈니스 인생의 절정기였다. 언론들은 '부동산 대왕'이던 그를 '초인超人·Superman'이라고 부르기 시작했다.**13**

총재산의 3분의 1 사회 환원…'제2의 록펠러' 되다

리카싱은 번 돈을 쓰는 데에서도 '혁신'적이다. 동양의 전통적인 사고思考는 당대에 모은 재산을 아들이나 손자 등 직계 가족에게 물려주는 것이다. 그러나 리카싱은 만 52세이던 1980년 '리카싱기금회영어로는 Li Ka-Shing Foundation'를 세웠다. 이어 2000년대 들어 기금회를 '셋째 아들'이라고 부르며 총 개인 재산의 3분의 1을 여기에 넣겠다고 공언했다. 리카싱기금회는 빌 게이츠 마이크로소프트MS 창업자 부부가 세운 빌&멜린다 게이츠 재단Bill & Melinda Gates Foundation에 이어 세계 2위 규모다.

그의 결단은 고민과 심사숙고 끝에 나왔다. 리카싱의 육성肉聲 고백이다.

"나는 30세가 되기 전에 우리 가족 모두 더 이상 일하지 않아도

먹고 살 정도의 돈을 벌었다. 그 후에도 많은 돈을 모았다. 하지만 행복하지 않았다. 며칠 불면의 밤을 보내기도 하고, 무작정 길을 한참 혼자 걷기도 했다. 내심內心의 만족을 어떻게 얻을까 하는 절실함에서였다. 어느 일요일 밤, '세 번째 아들에게 내가 모은 재산의 3분의 1을 주면 어떨까' 하는 생각이 들었다. 그랬더니 행복해지고 마음이 아주 편해졌다. 다음날 아침 식탁에서 '셋째 아들' 얘기를 꺼냈더니 아들과 며느리의 눈이 휘둥그레졌다. 나는 자식을 키우는 심정으로 기금회에 돈을 맡기고 가꾸고 있다."[14]

리카싱기금회는 다양한 활동을 하고 있다. 그의 출생지인 광둥성 차오저우潮州 부근 산터우汕頭 대학에 20억 홍콩달러약 3천억원를 기증해 중국 남부의 간판 대학으로 키웠다. 베이징, 톈진天津, 시안西安, 뤄양洛陽 등에도 대학을 세웠다. 2008년 쓰촨四川성 지진사고가 났을 때는 1억3천만 위안약 221억원을 기부했다. 4천 명에 달하는 언청이 무료 수술도 했다. 장애인, 농아 등을 상대로 의료지원과 빈곤가정 구제, 재해민 지원 등을 위해 매년 수억 달러를 내고 있다. 2015년까지 '리카싱기금회'가 기부한 돈만 150억 홍콩달러약 2조3600억원에 이른다.

기금회 활동이 교육과 의료에 집중되는 것은 가난 때문에 학업을 중단하고 아버지를 일찍 여읜 리카싱의 개인사가 영향을 미친 것으로 보인다. 평생 신념인 '지식이 운명을 바꾼다'는 생각도 작용했다. 리카싱은 세상을 일찍 뜬 아내를 기려 그녀의 모교인 홍콩대학에 3500만 홍콩달러를 기부해 '좡웨밍관館'을 세웠다. 홍콩대학에 아내 이름을 딴 '좡웨밍기념회'도 운영하고 있다.

리카싱은 기금회에 낼 수표手票·cheque 서명만으로 만족하지 않고 병원·농촌·학교 등을 찾아가 기금이 제대로 쓰이는지, 불편함은 없는지 직접 확인한다. 그는 "기금회의 지원 현장에 직접 가봄으로써 돈의 진정한 가치와 내 사업의 의미를 새삼 발견한다"고 말했다. 리카싱은 2009년 중국 500대 기업가를 대상으로 한 '제1회 중국 기업가 대중大衆 이미지 만족도 조사'에서 1위로 선정됐다. '의로운 부富'를 실천해온 점을 공식 인정받은 것이다.

"어려운 사람을 돕는 게 인생의 궁극적인 의미"

미국의 '석유왕' 존 록펠러John Rockefeller·1839~1937는 58세이던 1897년부터 자선 기부활동을 본격화했다. 자신이 번 돈으로 시카고대와 록펠러대, 뉴욕 현대미술관MoMA, 뉴욕 공공도서관, 록펠러 센터 등을 세웠다. 이들 대학에서 배출된 노벨상 수상자만 110명이 넘는다. 록펠러가 생전 기부한 돈약 5억3000만 달러을 현재 가치로 환산하면 1280억 달러약 145조원에 달한다고 한다.

리카싱의 사회공헌 활동이 아직 록펠러만한 수준은 아닐지 모른다. 하지만 아시아 기업인을 통틀어 리카싱처럼 진실되면서 통

크게 자선·기부 활동을 하는 이는 없다. 그런 측면에서 리카싱은 '제2의 록펠러' 또는 '아시아의 록펠러'라고 부를 만하다. 리카싱에게 "인생에서 가장 중요한 가치가 무엇인가?"라고 묻자, 그는 이렇게 답했다.

"사회에 기여할 수 있다는 것, 그리고 어려움에 처해 있는 사람들이 더 나은 삶을 살 수 있도록 돕는 것. 이런 게 인생에서 궁극적인 의미라고 생각한다. 나는 이것을 기꺼이 내 필생의 사업이라고 여긴다."**15**

리카싱은 인생에서 즐거운 순간으로 '좋은 책을 읽거나 골프에서 나이스 샷nice shot 할 때, 자선활동을 할 때, 가까운 친구들과 담소를 나누거나 친구들을 사귀는 때'를 꼽았다. 그는 "이 가운데 가장 즐기는 것은 내 시간과 에너지를 리카싱기금회가 벌이는 교육과 의료 건강사업에 쏟아 부을 때"라고 했다.

"부富는 많아도 귀하지 않은 사람들이 많다. 진정한 부는 자기가 번 금전을 사회를 위해 쓰려는 속마음에 있다. 아무리 재산이 많아도 '바른 뜻志氣'이 없는 사람은 가장 가난한 사람일 뿐이다."

리카싱이 〈논어論語〉 술이述而 편에 나오는 "의롭지 못한 채 부귀를 누림은 뜬구름 같다不義而富且貴 於我如浮雲"는 구절을 늘 마음에 새기는 것도 같은 이치에서다. 홍콩 센트럴의 청쿵빌딩 70층 그의 집무실에는 대형 동양화가 걸려 있다. 여기에 적혀 있는 당나라 시인 이백李白의 시詩 '山中問答산중문답'이 리카싱의 마음을 대변한다.

"나에게 '무슨 뜻으로 푸른 산에 사느냐'고 묻기에 問余何事棲碧山

웃으며 대답하지 않았지만 마음은 절로 한가롭네 笑而不答心自閑

복숭아꽃 흐르는 물에 아득히 떠가니 桃花流水杳然去

별천지요 인간 세상 아니라네 別有天地非人間"

리카싱은 미국의 정치가이자 사업가인 벤저민 프랭클린Benjamin Franklin·1706~1790과 중국 춘추전국시대의 정치가 겸 거상巨商인 범려範蠡·기원전 536~448 추정를 존경한다. 그는 "재상 자리를 버리고 재물을 친지와 이웃에 나눠주고 간 범려보다 후손들을 위해 학교와 도서관, 의료 등을 아낌없이 후원한 프랭클린의 행동이 더 바람직하다"고 했다.**16**

'쓰면 의심하지 않는다'는 용인술

리카싱은 기업 경영과 후계 승계에서도 선구자적인 혁신을 했다. 아시아권에 만연한 지연·혈연·학연을 중시하는 연고주의緣故主義와 족벌적인 색채를 배제하고 능력 위주 인재와 외국인 중용으로 경영 선진화를 이룬 것이다.

"청쿵이 거둔 성과는 구성원들이 일치단결해 일궈낸 것이다. 내

곁에는 300명의 용맹한 장수들이 있다. 이 중 100명은 외국인이고, 200명은 유능한 홍콩인이다."**17**

이 말대로 리카싱은 '서양 전문경영인을 대담하게 기용해 중국인처럼 썼다洋爲中用.' 외국인 직원은 외국인 임원이 통솔하는 게 효과적이고, 청쿵을 글로벌 기업으로 키우려면 외국인 간부 중용이 필수적이라는 판단에서다. 캠브리지 대학 경제학과 출신으로 1979년 입사해 청쿵그룹 부회장과 그룹 이사회 부의장을 지낸 조지 매그너스George Magnus와 1984년 허치슨왐포아 사장을 맡은 사이먼 머레이Simon Murray, DBS 비커스Vickers 증권사 부사장 출신의 영국인 두후이렌杜輝廉 등이 여기에 해당된다.

리카싱은 '의심하면 쓰지 말고, 쓰면 의심하지 않는다疑人不用 用而不疑'는 용인술用人術의 진수도 보였다. 뉴잉글랜드 대학을 졸업한 휘젠닝霍建寧·영어 이름은 Canning Fok이 입사 2년차이던 1985년, 33세의 그를 임원에 발탁하고 다시 2년 후엔 그룹 부회장에 임명했다. 세계적으로 보기 드문 대파격 인사였다. 휘젠닝은 입사 35년이 지난 지금까지 그룹 2인자이자 최고 전문경영인으로 일하며 '종업원들의 왕King of Employees'으로 불린다.

그에게 리카싱은 두둑한 금전적 보상도 안겨줬다. 2016년까지 휘젠닝에게 약 27억 홍콩달러약 4050억원의 현금 급여와 400만 주株의 주식을 지급한 것이다. 현금으로만 연평균 120억원에 달한다.**18**

리카싱은 어린 시절 부친으로부터 전국戰國시대에 활약한 맹상군孟嘗君에 대한 이야기를 듣고 감명받았다고 한다. 수많은 재사才士들을 끌어 모은 맹상군처럼, 리카싱은 신뢰를 바탕으로 능력 있는 인물들을 '자기 사람'으로 썼다. 그의 성공 신화에는 뛰어난 '가신家臣'들을 알아보고, 믿고 쓴 혁신적인 인재 관리술이 있었다.[19]

리카싱은 만 90세 생일을 석 달 앞둔 2018년 3월, 모든 직위에서 물러나고 고문顧問만 맡겠다며 일선 은퇴를 선언했다. 이후 그룹 경영은 장남 빅터 리李澤鉅가 맡고 있다. 2012년 자신이 보유한 경영권 지분을 형에게 모두 넘긴 차남 리처드 리李澤楷는 자가 비즈니스에 몰두하고 있다. 리카싱은 잡음이나 분쟁 없이 후계 상속을 마무리함으로써 90년 불패不敗 경영의 대미大尾를 장식했다.

두 아들 열 살 되기 전부터 이사회 참관시켜

성공적인 후계 상속 역시 주도면밀한 준비와 노력의 산물이다. 리카싱은 두 아들이 어렸을 때, 주말이면 집 가까운 리펄스베이Repulse Bay·淺水灣 등으로 가서 수영을 즐겼는데, 수영 후엔 아이들에게 고전古典을 읽어주었다고 한다. 한 구절 한 구절 해석해 들려주고 문장과 관련된 문제를 내고 답을 맞추기도 했다. 두 아들이 각각 아홉 살, 일곱 살 때부터는 청쿵실업 이사회를 참관토록 했다. 이사회 내내 이들은 회의실 구석 아동 의자에 앉아 자리를 지켰다.

이사회에서 큰 소리로 논쟁이 벌어지자, 두 아들이 큰 소리로 운경우도 종종 있었다.[20]

리카싱은 이에 대해 "비즈니스가 얼마나 어려운지, 얼마나 많은 회의를 거쳐 나오는 것인지 가르치려 했다"고 말했다. 나중에 온실 속 화초처럼 경영 수업을 받는 것보다 비즈니스 현장에 일찍 노출시켜 주눅 들지 않고 냉혹한 현장을 몸으로 느끼게끔 한 배려였다. 홍콩에서 초중학교를 다닐 때, 두 아들은 매일 전차나 버스를 타고 등하교했다. 14~15세부터는 외국에 홀로 나가 공부토록 했다. 리카싱이 아버지를 여의고 홀로서기 한 나이였다. 리카싱이 최소액만 송금하는 바람에 두 아들은 골프장 캐디, 햄버거 가게 아르바이트 등으로 생활비를 벌면서 자전거로 통학해야 했다.

두 아들이 대학을 마칠 무렵, 리카싱은 "청쿵에 입사하려면 비즈니스 실력을 보여라"고 요구했나. 캐나다 국적도 갖고 있던 빅터 리는 200여 차례 공청회 등을 열며 밴쿠버 세계박람회 부지 활용 개발 프로젝트를 성공시켰다. 캐나다 투자은행에서 3년 근무한 리처드 리는 허치슨왐포아에 평직원으로 입사했다. 1991년 아버지로부터 1억2500만 달러를 빌려 아시아 최초 위성방송인 스타TV 사업을 시작한 그는 1995년 미디어 재벌 루퍼트 머독Rupert Murdoch·1931~ 에게 9억5천만 달러를 받고 팔았다.

20년 넘은 낡은 요트…월급은 75만원

리카싱은 2008년 6월, 자신이 세운 광둥성 산터우 대학 졸업식 축사에서 "내가 지나치게 교만한 것은 아닌지 항상 스스로에게 묻는 것이 나의 성공 비결"이라고 말했다. 그러면서 그는 "내가 자부심이 지나쳐 교만해지고 있지는 않은지, 또 내 잘못을 지적하는 사람들의 말을 외면하지는 않았는지를 항상 점검한다"고 했다.[21]

집무실 한 쪽 액자에 적혀 있는 '대지지지 소지유모大智知止 小智唯 謀·지혜 있는 사람은 멈출 때를 알고, 지혜가 부족한 사람은 꾀하기만 한다'라는 구절도 교만을 극력 경계하는 리카싱의 심경을 보여준다. 성공과 승리에 매몰되지 않고 멈추고, 돌아보고, 물러나는데 인생의 진짜 묘미가 있다고 여기는 것이다. 이는 노자老子의 〈도덕경〉 구절과 맥락이 닿는다.

"세상에 이름을 떨친 다음에는 멈출 줄을 알아야 한다.名亦旣有 夫 亦將知止"

"만족할 줄 알면 욕을 당하지 않고, 그칠 줄 알면 위태롭지 않으며 오래갈 수 있다.知足不辱 知止不殆 可以長久"

일요일에 가끔 리카싱이 두 아들과 함께 타는 두 척의 요트 모두 구입한 지 20년이 넘은 낡은 것들이다.[22] 자식들에게 '과시하거나 드러내지 말고 근신하라'는 무언無言의 가르침이다.

수많은 회사를 인수합병M&A하거나 투자하는 과정에서 막강한 자본력을 내세워 그가 강제하거나 반칙을 범한 적도 없다. 모든 과정에서 우호적으로 협의하며 일을 진행했다. 그리고 한 번 한 약속은 반드시 지켰다. 원칙에 얼마나 철저했는가를 보여주는 일화가 있다.

리카싱이 카리브해 연안 한 국가의 컨테이너 터미널, 공항, 호텔, 골프장 등의 건설에 투자했을 때다. 투자가 나라 경제에 큰 도움이 되자, 그 나라 총리는 카지노 사업권을 선물로 주겠다고 했다. 리카싱은 한사코 거절했으나 총리의 요청이 간곡하자, 자기 호텔에 카지노는 끝까지 사양하고 밖에 별도 건물을 지어 그 안에 제3자가 카지노를 운영하는 걸로 절충했다.

그는 회장으로 재임하던 동안 청소부나 건물 경비원 급여보다 적은 5천 홍콩달러약 75만원의 월급을 받았다. 이에 대해 크리스틴 초우Christine Chow 홍콩과학기술대 교수는 "아시아의 수많은 재벌 총수들과 리카싱이 확실히 다른 점은 그가 부지런하고 절도 있는 생활을 수십 년 동안 하고 있다는 것"이라며 "리카싱은 지속적으로 노력한다면 우리도 기적을 만들 수 있음을 가르쳐 준다"고 했다.

리카싱은 재산·학력·혈연·인맥 등 모든 면에서 완벽한 제로zero·無 상태였다. 그런 그가 어떻게 수많은 세계 기업인들 가운데 유일하게 '상신商神'이나 '재신財神' 같은 극존칭으로 불릴까. 더욱이 홍콩은 세계에서 가장 세속적 가치관과 물욕이 팽배한 곳이다. 그

곳에서 수십 년 최고 부자인 리카싱의 무욕無慾과 겸손謙遜의 삶은 역설逆說적인 승리이다. 그런 점에서 리카싱은 노블레스 오블리주 Noblesse Oblige·상류층에 상응하는 도덕적 의무의 모범이며, 진짜 성공하는 인생이란 무엇인지 알려주고 있다.

5

보구엔 지압武元甲

인구 1억 명에 평균연령 30세인 베트남은 동남아시아에서 가장 역동적인 나라이다. 부지런하고 교육열이 높은 국민성과 인접한 중국으로부터 수시로 침략을 받아온 점 등은 우리나라와 많이 닮았다. 베트남은 20세기 중반 이후 식민지에서 벗어나 통일 국가를 세우는 과정에서 프랑스, 미국, 중국을 차례로 물리쳤다. 이 과정에서 호치민胡志明·1890~1969이 독립과 통일을 이룬 건국의 아버지라면, 보구엔 지압武元甲·1911~2013은 현장에서 이를 구현해낸 최고의 군사 참모이다.

보구엔 지압은 1954년 5월 7일 프랑스 정예부대와 외인부대 1만6천여 명이 주둔하며 요새를 만들어 놓은, 베트남 북서부의 디엔비엔푸Dien Bien Phu 진지를 함락시켜 세계를 놀라게 했다.

그 후에도 그의 전승戰勝 소식은 10여 년 단위로 터져 나왔다. 1968년 1월 베트남 주둔 미군과 월남 정부를 겨냥한 '구정舊正 대공세'를 주도해 대성공을 거뒀고, 베트남 통일 후엔 중국의 베트남 침공1979년 2월에 맞서 싸워 이겼다.

무명의 군사 지도자가 4반세기에 걸쳐 세계적 강대국들을 연속 격퇴한 것은 20세기 현대사를 통틀어 보구엔 지압이 유일하다. 국부 호치민과 더불어 20세기 베트남의 양대 산맥으로 추앙받는 그는 그래서 군사 전략에 관한 한 미국의 맥아더 원수, 독일의 롬멜 장군과 동일한 반열에 꼽힌다.

신문기자, 역사교사 출신인 보구엔 지압은 평생 정규 군사훈련을 한 번도 받은 적이 없다. 그래서 스스로를 '독학獨學한 장군'이라고 불렀다. 군대에 관한 관심은 많아 학창시절에 프랑스 혁명사와 나폴레옹의 군사작전에 관한 책을 탐독했다고 한다. 그는 "중학교 시절에 나폴레옹의 대담함과 기습 전법에 매료돼 어록을 외우고, 학교 교실 칠판에 분필로 나폴레옹 군의 전법과 부대 배치, 전술 등을 그려 보곤 했다"고 회고했다.

하지만 그가 이끈 북베트남이하 月맹 군대는 제1, 2차 세계대전 전승국이자 선진국인 프랑스군과 비교를 할 수 없을 정도로 열악했다. 보구엔 지압은 "수류탄이 손에 들어왔는데, 그걸 어떻게 터뜨리는지 알 수가 없었다. 제식훈련을 어떻게 하는지도 몰랐다. 우리는 백과사전을 뒤적이거나 프랑스 군대를 흉내 내면서 배웠다"고 했다.

더욱이 보구엔 지압의 내면은 상처와 원한 투성이였다. 30대 중반이 되기 전에 그의 아버지와 누이동생, 첫 번째 부인과 딸, 처형이 프랑스 식민당국의 고문과 탄압으로 모두 목숨을 잃은 탓이다. 그렇지만 보구엔 지압은 베트남 전통의 흰색 정장과 나비넥타이, 중절모를 즐겨했다. 눈 깜작할 사이에 생사가 달라지는 긴박한 전장에서도 해맑은 미소를 잃지 않은 그는 고급 프랑스어를 구사하며 시詩를 쓰는 지성과 여유도 갖추고 있었다. 이런 보구엔 지압은 어떻게 베트남 역사를 바꾼 '혁신 장군'이 된 것일까.

아버지, 부인, 동생, 딸 등 희생 당해

1954년 3월 13일 오후 5시쯤, 라오스와 접경한 베트남 최북서부의 디엔비엔푸 동쪽 언덕에 있는 프랑스군 포병대 위로 수백 발의 포탄이 쏟아지기 시작했다.

프랑스군은 1953년 11월 20일 이 일대 지름 3km 정도 되는 작은 분지와 언덕을 점령, 월맹 공격을 위한 요새를 구축해 놓고 있었다.

포병대장인 샤를 피로트Charles Piroth 대령은 "사방에서 대포알이 날아오는데 정확한 발사 위치를 알 수 없다니… 매일 정찰했는데 어떻게 월맹군이 우리 턱밑까지 대포를 옮길 수 있었지?"라며 당혹감을 감추지 못했다.

포격 개시 한 시간여 만에 500여 명의 프랑스군이 목숨을 잃었다. 어둠이 짙어지자 북베트남_{월맹} 군인들이 물밀듯 쳐들어왔다. 동료들의 시체를 넘어 개미처럼 집요하게 몰려오는 월맹군의 숫자와 소리에 압도된 프랑스군은 전의를 상실했다. 7시간 만에 포병대가 지키던 일대는 무덤터로 변했다. 피로트 대령은 자신의 무능을 자책하며 자결했다.

동쪽 요새가 하룻밤 만에 점령당하면서 프랑스군은 순식간에 고립됐다. 때마침 불어 닥친 우기_{雨期}로 인해 프랑스군의 항공 공격은 무력화됐고, 수송기를 통한 공중 보급은 월맹군의 집중 포화로 차단됐다.

'독 안에 든 쥐' 신세가 된 프랑스군은 악전고투하며 버티다가 5월 7일 모든 요새를 월맹군에게 점령당하자 백기를 들었다. 첫 전투를 벌인 지 55일 만이다. 디엔비엔푸에서 탈출한 프랑스군은 70여 명, 전사자 5천 명에 포로는 1만1천여 명이었다. 20세기 들어 프랑스가 단일 전투에서 맛본 가장 큰 참패였다.

이 승리로 프랑스와 월맹 간의 8년에 걸친 제1차 인도차이나 전쟁과 베트남에 대한 프랑스의 90년 식민지배는 모두 막을 내렸다.

그로부터 14년 후인 1968년 1월 30일 새벽 1시 30분. 설날 경축 폭죽이 터지는 가운데 남베트남_{월남}의 수도인 사이공_{현재의 호치민} 시내 미국대사관에는 19명의 월맹군 자살 특공대가 담구멍을 뚫고 침입해 경비병들과 총격전을 벌였다. 월남 대통령궁과 탄손누트 공항, 주월미군 총사령관 사택, 월남군 사령부, 방송국 등 100여 개 시설과 36개 도시, 100여 곳의 마을도 월맹군의 기습 공격을 받았다.

디엔비엔푸와 구정 대공세로 전 세계 경악

보구엔 지압이 주도한 '구정 대공세Tet Offensive·Tet은 베트남 어로 구정음력설이라는 뜻'였다. 그러나 그 해 2월 11일까지 월맹군 3만5천여 명이 사살됐고, 5800명이 생포됐다. 구정 연휴 혼잡을 틈타 베트남군으로 위장한 월맹군 7만여 명이 장례식 관棺이나 야채 수송차량에 무기와 탄약 등을 숨기고 잠입해 거사를 꾀했으나 패퇴한 것이다.

하지만 이후 상황은 정반대로 흘러갔다. 1월 30일 새벽에 6시간 정도 미국 대사관이 공격을 받는 모습을, 대사관 안에 있던 취재 기자들이 현장 기사로 보낸 게 발단이었다. 기자들은 전투가 진행 중인 상황에서 '사이공 미 대사관이 점령당했다'는 자극적인 제목을 단 1보를 타전했다. 이 뉴스는 오보誤報로 판명났지만, 미국 TV·신문은 월맹의 구정 공세를 톱뉴스로 연일 장식했다.

"흔적조차 안 보이던 적군이 홀연히 나타나 수백 군데 동시다발 공격을 가했다." ― 〈타임TIME〉

"우리는 베트남 전에 대한 정치인들의 장밋빛 발언을 더 이상

믿을 수 없다." - 〈CBS〉 뉴스 앵커 월터 크롱카이트

그러자 사이공 대사관 급습에 공포심을 느낀 미국인들 사이에 전쟁에 대한 회의감이 커졌다. 대학가에선 반전反戰 시위와 병역 기피가 들불처럼 번졌다. 린든 존슨Lyndon Johnson 행정부는 맥나마라 국방장관과 웨스트몰랜드 주월미군 사령관을 해임했지만 반전 여론을 잠재울 수 없었다. 3월 31일 존슨 대통령은 재선再選 불출마를 선언하고, 월맹에 평화 협상을 제안했다.

물리적 전투에서는 미국이 이겼지만, 심리적·정치적 전투에서는 월맹이 완승을 거둔 것이다. 후임 리처드 닉슨 대통령은 1973년 베트남에서 미군 철수를 결행하며 인도차이나 반도에서 발을 뺐다.

미국과 평화 협정을 맺은 월맹은 1975년 사이공에 입성, 숙원인 통일을 이뤘다. 1965년부터 시작된 제2차 인도차이나 전쟁도 끝났다.

백면서생白面書生인 보구엔 지압이 '거지 군대' 같은 빈약한 전력으로 연전연승을 거둔 것은 세계 전쟁사史를 통틀어 전무후무한 대사건이다. 그는 어떻게 군대를 혁신했기에 이런 일이 가능했을까?

보구엔 지압은 먼저 '전쟁은 군인들만이 하는 것'이라는 정형화된 생각을 깼다. 대신 '인민 전쟁People's War'이라는 자신만의 전쟁 개념을 만들어냈다. '주민에 의한 주민을 위한 전쟁'이라고 인민

전쟁을 정의한 그는 베트남에서 외국군 축출을 원하는 주민이라면 누구나 월맹군에 직간접으로 참여할 수 있도록 군대의 문을 활짝 열었다.

정식 군사훈련을 받는 정규군과 별도로 농민, 여성, 청소년들을 비정규군, 즉 게릴라들로 키웠다. 그리고 그들에게 왜 우리가 전쟁을 해야 하는지에 대한 사상 교육에 힘썼다. 그 모태는 보구엔 지압이 1944년 34명남자 31명, 여자 3명의 병력으로 만든 선전부대 propaganda brigade이다.

'거지 군대' 이끌고 10년 넘게 준비

프랑스 · 일본 군대로부터 노획한 구식 소총과 재래식 화승총 정도로 무장했지만 그는 부대원들에게 저항 정신과 반反외세 의식을 고취하며 정예 조직으로 만들었다. 그리고 은신처인 베트남 북서쪽 산악지대의 토착 부족민들과 가족과 같은 끈끈한 연대를 다져갔다.

농사는 물론 가옥 수리 같은 부족민들의 허드렛일을 돕고 부족 언어를 배우며 현지어로 된 신문을 보급하는가 하면 문맹자를 위해 외우기 쉬운 노래를 만들어 가르쳤다. 그러자 보구엔 지압 군대에 마음을 여는 부족들이 하나둘 생겼고, 10년 후인 1954년에는 총병력이 6만3천 명으로 늘었다. 디엔비엔푸 전투는 보구엔 지압이 10년간 양병養兵하며 준비한 결정판이었다.

이런 점에서 보구엔 지압은 "많은 병사들을 마치 한 사람처럼 손잡고 협력하도록 만든善用兵者 携手若使一人" 명장이었다. 〈손자병법〉의 "병사들의 마음을 합하고 용감하게 하여 하나로 만드는 것이 지도력이다, 씩씩한 병사와 겁보 병사를 싸움에 내보내 갖고 있는 힘을 모두 얻을 수 있게 하는 게 지세를 이용하는 이치다齊勇若一 政之道也 剛柔皆得 地之理也"는 구절과도 딱 들어맞는다.

특히 농민과 여자, 청소년들은 디엔비엔푸 전투 당시 프랑스군에 의해 차단된 보급로 대신 험한 산악과 정글 길을 마다하지 않고 보구엔 지압 군대의 각종 전쟁 물자를 나르는 역할을 수행했다. 보구엔 지압은 말한다.

"현대식 무기에 압도당해서는 안 된다. 인간의 가치에서 전쟁의 승패가 판가름난다. 병사들에게 반드시 이기겠다는 전쟁 의지가 있느냐가 관건이다."

그는 자신의 의도와 목표대로 이들을 동원해 움직이는데도 탁월했다. 보구엔 지압은 디엔비엔푸 전투에서 프랑스군과의 정면 대결은 필패必敗라고 판단하고, 대규모 병력과 무기·식량 수송 방법을 고민했다. 프랑스 공군 정찰기가 매일 주변 지역을 샅샅이 정찰하는 상황에서 도로도 없는 산악 지대에서 대규모 병력과 무기 이동은 불가능했기 때문이다.

보구엔 지압이 택한 방식은 여자와 나이 어린 청년들로 1만5천여 명의 보급 부대를 편성해 놓고 적군을 속이는 것이었다. 일례로, 무기 2톤짜리 대형 105mm 곡사포를 포함한 200문의 화포火砲들은 모두 분해해 밀림 속으로 끌어가서 한 번에 1인치, 하루에 800m씩 3개월 동안 은밀하게 날랐다.

장기전에 대비한 식량 운반은 자전거를 수레로 개조해 진행했다. 수송 부대 책임자는 농촌에서 자전거 수리점을 하는 사람이 주로 맡았다. 짐을 실은 자전거의 윗부분을 나무로 위장했고, 적의 정찰을 피해 밤에만 이동했다.

한 번에 1인치, 하루 800m씩 은밀하게 옮겨

1만1800여 개의 대나무 뗏목을 이용해 군수 물자를 운반하기도 했다. 매우 원시적인 방법이었으나 그의 지휘 아래 군인들과 보급 부대는 일사분란하게 움직이며 프랑스군을 감쪽같이 속였다. 〈손자병법〉의 "군대는 숲처럼 조용하며, 그림자처럼 알 수 없고, 번개같이 움직인다其徐如林 難知如陰 動如雷霆"는 구절을 현장에서 절묘하게 실현한 것이다.

1960~70년대 미군과의 전쟁에서도 주민과 함께 하는 보구엔 지압의 방식은 계속됐다. 시골 농민들은 월맹 게릴라들에게 식량을 공급했고, 아낙네들은 미군 폭격을 피해 '호치민 루트'로 불리

는 지하 땅굴 건설을 도왔다. 아이들은 미군에게 초콜릿을 받아가면서 정보를 얻어냈다. 이처럼 월맹은 정규군과 게릴라, 주민 등이 혼연일체가 돼 총체적인 힘을 발휘했다. 이들은 외세프랑스·미국 축출이라는 공동의 목표를 갖고 최고 사령관부터 말단 병사까지 한 마음으로 똘똘 뭉쳐 있었다.

이런 측면에서 미국과 월남 정규군 183만 명이 52만 명의 월맹군을 쉽게 이길 것이라는 세간의 예상은 현실을 크게 잘못 읽은 것이었다. 보구엔 지압은 자신들의 정규군보다 3~5배 정도 많은 게릴라들과 우호적인 주민들을 우군友軍으로 두고 있었기 때문이다.

그는 전쟁과 군대에 대한 개념부터 세부적인 운용 방법에 이르기까지 군사 전략 전반에 '파괴적인 혁신'을 가했다. 이는 "기업이 경쟁에서 이기려면 더 이상 기존 게임의 법칙에 따라 행동해서는 안 되며, 오히려 전통적인 경쟁 방식과 판을 깨야 한다"는 게리 하멜Gary Hamel 런던 비즈니스 스쿨 교수의 진단과 맥락을 같이 한다. 예를 들어 루이비통 같은 명품 기업이 고가高價 핸드백 판매라는 정형화된 사고방식을 깨고 명품 가방 대여 사업 등으로 영역을 넓혀 충성도 높은 고객을 늘리고 지속가능한 성장을 담보하는 것과 같은 이치이다.

적이 예상 못하는 시간·장소에서만 싸운다

보구엔 지압은 '전쟁은 속임수다兵者 詭道也'라는 명제에도 철저했다. 이는 국력, 병력 등 모든 부문에서 약자인 보구엔 지압이 버티고 살아남기 위한 부득이한 선택이기도 했다. 실제로 그는 프랑스와 미군을 무자비할 정도로 속이고 또 속였다.

월맹군은 당시 1949년 이후 중국과 러시아의 지원을 받아 기관총, 자동소총은 물론 대형 105mm 곡사포와 75mm 대포, 지대공 미사일 등을 갖고 있었다. 하지만 보구엔 지압은 어떤 전투에서도 105mm 곡사포를 쓰지 못하도록 엄명을 내렸다. 그 결과 프랑스군은 월맹군 수중에는 75mm 이하 소형 곡사포 60대만 있다고 오판하게 됐다.

보구엔 지압 군대는 디엔비엔푸 주위 수십 킬로미터에 비밀리에 지은 참호와 땅굴에 대포 등을 숨겨놓고 만반의 준비를 끝낸 후 최적의 공격 시점을 손꼽아 기다렸다가 기습 공격을 감행했다. 프랑스군은 1953년 11월부터 디엔비엔푸에 철통 요새를 구축해 놓고 승리를 자신했었다. 하지만 "예상 못한 시점에, 방비가 없는 곳에 공격을 가한出其不意 攻其不備" 기상천외한 보구엔 지압의 방식에 허虛를 찔린 프랑스군은 속수무책으로 당해야 했다.

1968년 구정 대공세도 마찬가지다. 정글과 시골에서만 국지전투를 벌이던 보구엔 지압이 대대적으로 도시를 공격한 것은 이때가 처음이었다. 베트남전에 참전시킬 병사들을 논이나 정글에서 잘 싸울 수 있도록 훈련시킨 미군의 의표意表를 찌른 것이다. 미군의 예상과 달리 도시를 전면 공격한 보구엔 지압의 전술에 미군은 한동안 큰 혼란을 겪으며 흔들렸다.

보구엔 지압 군대가 구정 공세 열흘 전인 1월 21일 새벽에 남북 베트남 군사분계선에 가까운 케산KheSanh의 미군 기지를 맹폭한 것은 '교란 전술'의 전형이다. 케산 전투는 그 해 4월 8일까지 77일간 지속됐으나, 정작 목표는 딴 데 있었으니 미군과 월남군의 관심을 다른 곳으로 돌려 구정 공세 효과를 극대화하기 위함이었다. 동쪽에 소리를 내면서 서쪽을 치는 성동격서聲東擊西형 속임수였다.

보구엔 지압 군대의 성공 공식은 자신들에게 가장 유리한 시간과 장소에서만 적군을 상대했다는 점이다. 상대방의 페이스에 말려들지 않고 자기 주도, 자기 통제 아래 전쟁을 한 것이다. 이는 1980년대 대형 슈퍼마켓 시장에 뛰어든 홀푸드마켓Whole Foods Market의 성공 전략과 유사한 측면이 있다. 친환경 유기농 식품 판매가 주력인 홀푸드는 세계 최대 유통기업인 월마트와 미국 최대 슈퍼마켓인 크로거 같은 대기업이 주도하는 시장에서 가격 인하 등을 했다가는 생존이 불가능했다. 그 대신 '천연 식품, 모든 사람, 하나의 지구Whole Foods, Whole People, Whole Planet'라는 슬로건을 내걸고 상류 고객층을 특화하기로 했다. 또 경영진의 임금을 직원 평균

임금의 19배 이하로 제한해 기존 식품 유통기업과 다르다는 이미지를 굳혔다.

적의 의표 찌르는 '파괴적 혁신'

경쟁 방식과 경쟁 장소 등을 홀푸드 스스로 결정함으로써 미국 유통업체 가운데 매장 면적당 매출이 가장 높고, 매출과 이익에서도 고성장을 지속했다. 홀푸드의 이런 접근은 클레이턴 크리스텐슨Clayton Christensen 하버드대 경영대학원 교수가 주장하는 '파괴적 혁신disruptive innovation 전략'의 사례로 꼽힌다. 고객의 니즈needs를 충족시키기 위해 제품과 서비스를 점진적으로 개선하는 게 아니라 싼 가격이나 독특한 품질, 경영 방식으로 틈새시장을 파고들어 시장을 확장하는 게 파괴적 혁신이다. 보구엔 지압의 군사 전략을 기업 경영의 관점에서 보면 이런 파괴적 혁신에 해당한다고 볼 수 있을 것이다.

보구엔 지압은 디엔비엔푸 공격 시점과 방식을 정교하게 계산했고, 전투 방법에도 신중을 기했다. 당시 월맹군을 지원하기 위해 파견된 중국공산당 고문 장교는 한국전쟁에서 유용했던 '인해 전술人海戰術'을 써서 일시에 디엔비엔푸를 점령하라고 조언했다. 보구엔 지압은 이를 거부하면서 이렇게 말했다.

"기존의 방법을 똑같이 써서는 이길 수 없다. 우리는 승리를 위해 공격할 것이며, 성공이 확실한 경우에만 공격할 것이다."

중공군 고문 장교는 사회주의 혁명정신 부족까지 꺼내며 보구엔 지압을 비난했으나 그는 소신을 굽히지 않았다. 보구엔 지압의 머릿속에는 "적이 비록 많을지라도 적으로 하여금 싸우지 못하게 만들 수 있다敵雖衆 可使無鬪"는 확신이 있었기 때문일 것이다.

보구엔 지압의 이런 판단에는 그가 디엔비엔푸 일대의 지형과 기상환경 조건을 훤히 꿰뚫고 있는 점도 한몫했다. 베트남은 매년 3월부터 인도양과 벵골 만에서 불어오는 고온다습한 남서풍으로 큰 비구름이 형성돼 3월 중하순부터 우기雨期가 본격 시작된다. 비가 계속 내리면 축축해진 정글에서 프랑스 공군의 네이팜탄은 효력을 잃게 된다. 기상 악화 등으로 공군기를 이용한 프랑스군의 물자 및 탄약 보급도 힘들어져 프랑스군은 고립무원의 처지에 놓이게 된다.

보구엔 지압이 모든 준비를 마쳐놓고 3월 13일 오후로 디엔비엔푸 첫 공격 시점을 잡은 것은, 적벽대전에서 촉나라의 제갈공명이 남동풍을 이용한 화공火攻으로 위나라 조조 군대를 섬멸한 사건을 연상시킨다. 보구엔 지압은 남서풍을 이용한 수공水攻을 디엔비엔푸 공격 작전에 쓴 게 다를 뿐이다.

지형 특성 활용하고 다양한 기습·변칙

디엔비엔푸 전투 당시 폭우가 쏟아짐에 따라 프랑스군의 항공기를 이용한 보급 계획은 큰 차질을 빚었다. 비를 뚫고 저고도로 보급품을 공수하려던 프랑스 군용기들은 보구엔 지압 군대의 대공포對空砲를 맞고 추락했다. 부상자들을 싣기 위해 활주로에 착륙한 프랑스 수송기는 부상자들을 싣는 도중에 불탔다. 프랑스군은 이후 디엔비엔푸에 접근할 엄두조차 내지 못했다. 굶주림과 말라리아, 장티푸스 같은 전염병까지 돌아 프랑스군은 최악의 상황으로 내몰렸다.

보구엔 지압 군대가 디엔비엔푸 동쪽 요새를 하루 만에 점령해 놓고도 지휘본부에 대한 공격은 서두르지 않은 것은 이런 상황에서였다. 활주로를 폭파해 프랑스군의 보급을 차단한 마당에 '시간은 우리보구엔 지압 군대 편'이었기 때문이다. 프랑스 정부는 디엔비엔푸에서 싸우는 모든 병사들에게 무공훈장을 수여하며 독려했다. 그러나 개전 55일 만에 1만1천여 명의 프랑스군은 제대로 싸움 한 번 하지 못한 채 두 손 모두 들고 포로가 됐다.

손무孫武는 〈손자병법〉에서 "무릇 지형이란 용병을 돕는 것이다. 적을 헤아려 승리 태세를 만들어가며, 지형의 험하고 평탄함과 멀고 가까움을 운용하는 것은 장수의 책임이다. 이를 알고 용병하면 반드시 이기고, 이를 모르면 반드시 패한다夫地形者, 兵之助也,

料敵制勝, 計險易遠近, 上將之道也. 知此而用戰者必勝, 不知此而用戰者必敗"고 했다. 보구엔 지압의 디엔비엔푸 전투처럼 이 표현이 딱 들어맞는 사례가 더 있을까 싶다.

도발과 기습, 변칙적인 공격 같은 게릴라 전법은 약자가 강자에 맞서 살아남기 위한 처절한 생존책이다. 병력과 무기, 국력 모두 불리한 보구엔 지압으로선 승리 가능성을 높이는 유일한 활로이기도 했다.

21세기 경영의 대가大家로 꼽히는 애플Apple의 창업자인 스티브 잡스Steve Jobs도 게릴라 정신으로 회사 경영에 임했다. "해군海軍이 되기보다 해적海賊이 되라"는 잡스의 말이 이를 보여준다. 그는 애플을 의도적으로 약자로 자리매김하는 전략을 취했다. 관료주의와 고정관념을 파괴하고, 기존질서에 도전하는 게릴라 정신으로 무장할 때 더 건강하고 지속가능한 기업으로 애플이 성장할 수 있다는 판단에서였다.

영국 2위의 버진 에어라인 항공사를 세운 버진 그룹Virgin Group의 괴짜 CEO 리처드 브랜슨Richard Branson·1950~도 '게릴라형 전략가'이다. 선천성 난독증難讀症으로 글자를 읽고 쓰는 데 지장이 있었던 그는 새로운 사업 아이템을 발견하는 즉시 도전하고, 또다시 새 영역을 발굴하며 비즈니스 영역을 넓혀나갔다. 현실과 편한 것에 안주하지 않는 게릴라 정신을 무기로 세계 22개국에 400여 개의 계열사를 지닌 거대 기업으로 비즈니스를 키웠다.

보구엔 지압은 정치전, 심리전의 고수高手였다. 신문기자 출신인 그는 서방 민주사회에서 미디어의 엄청난 파급 효과를 잘 알고 있었다. 1968년 1월 구정 대공세에서 방어가 철통 같이 단단했던 미국대사관과 미군기지, 월남 대통령궁 등을 조준 공격한 게 이를 보여준다. 미국 언론들은 베트남 전쟁의 참상을 미국 안에서 지금 전투가 벌어진다는 착각이 들 정도로 봇물 터진 듯 쏟아냈다. 보구엔 지압이 정교하게 계산해 미리 쳐놓은 '먹잇감'을 덥석 물은 꼴이었다.

보구엔 지압은 베트남 전쟁 종전 후 미국 언론과의 한 인터뷰에서 이렇게 말했다.

"1968년의 구정 공세를 군사적 측면에서만 이야기하는 것은 틀렸다. 나는 더 넓게 생각했다. 구정 공세는 군사적이면서, 정치적이면서 동시에 외교적인 활동이었다. 우리는 적을 섬멸할 수는 없지만 미군의 싸울 의지는 없앨 수 있다고 생각했다. 그게 구정 공세의 이유이다."

전쟁 의지 무력화시키는 '심리전의 고수高手'

보구엔 지압은 구정 공세로 상당한 인명人命을 잃었지만 미국인들의 전쟁 의지를 꺾는 성과를 거둠으로써 목적을 달성했다. 미국은 월남 정권 보호가 어려울 뿐만 아니라, 월맹군의 공세를 정규전 방식으로는 감당할 수 없다는 결론을 내리고 8년의 장기전에 마침표를 찍고 1973년 완전 철수했다.

그렇다고 보구엔 지압이 모든 전쟁에서 시간을 끈 것은 아니다. 1979년 2월 중국이 베트남 국경을 침공했을 때 보구엔 지압은 국방장관으로 있으면서 이 전투를 지휘했다. 그는 이례적으로 즉각적인 공격을 명령했다. 지역 예비군을 포함해 5개 사단 10만 명을 동원했다. 약 20만 명의 중국군이 쳐들어왔지만 중국은 3만 명에 달하는 사상자를 내고 평화조약을 신속하게 체결하고 국경을 떠났다.

중국은 당시 통일 베트남과의 전면전全面戰을 원하지 않았다. 인도차이나 반도 전체를 사실상 지배하게 된 베트남에게 중국이 가진 힘의 우위를 보여주는 게 진짜 의도였다. 보구엔 지압은 중국의 전쟁 목표를 간파하고 초반부터 맹렬하게 공격했다. 예상 못한 반응에 당황한 중국 정부는 추가 피해를 막고 국제적인 망신을 당하지 않기 위해 전쟁을 서둘러 끝냈다. 보구엔 지압의 노련한 전략가로서의 실력을 잘 알고 있는 중국으로선 전쟁을 오래 끌수록 베트남에 밀린다는 판단을 했던 것이다.

디엔비엔푸에서 프랑스군을 굴복시킨 보구엔 지압은 그로부터 6일 후 밀림으로 다시 들어갔다. 디엔비엔푸에서 35km쯤 떨어진

무엉팡Muong Phang이란 곳이다. 보구엔 지압은 이곳에서 디엔비엔푸 전투 승전 기념식을 열었다. 그 무렵 전투 현장의 승전 기념식에서는 자부심을 높이기 위해 포로들을 배치하는 경우가 많았다고 한다. 그러나 그때 보구엔 지압의 기념식엔 포로들이 보이지 않았다. 기존 통념과 상식을 깬 것이다. 밀림 속에서 기념식을 은근하게 진행하며 요란한 자축 소리가 새어나오지 않도록 했다.

승리에 겸손하고 절제할 줄 안 '붉은 나폴레옹'

"우리의 승리를 자축하라. 그러나 포로가 된 적에게 굴욕감을 주지 말라."

대승리를 거둔 후에도 보구엔 지압이 절제와 분수에 철두철미했음을 보여주는 순간이다.

무엉팡 마을은 계곡과 밀림 속에 있는데 그로부터 55년이 지난 2009년에야 길이 16m, 높이 9.8m 규모의 대형 기념석상이 세워졌다. 이 표지판에는 '여기서 디엔비엔푸 승리를 선언했다'라고만 적혀 있다.

보구엔 지압의 위대함은 옛 전략가들의 주문을 신주神呪처럼 받들지 않고 베트남 상황에 맞게 혁신적으로 응용·실천했다는 데 있다. 그는 한 언론과의 서면 인터뷰에서 이렇게 말했다.

"조국해방전쟁과 민족해방전쟁처럼 정당한 전쟁이어야 전 국민을 동원할 수 있다. 선배들은 중국의 옛 군사전략가의 책을 많이 참조했다. 나는 '신속 공격, 신속 승리'라는 교리를 신봉하거나, 힘이 적보다 열 배 더 세어야 공격한다는 가르침을 따르지 않았다. 베트남 상황에 맞는 '베트남 방식'에 따르고자 했다. 그래서 이길 수 있었다."

보구엔 지압이야말로 전쟁터에서 적과 형세形勢 변화에 따라 무궁하게 전법을 응용하는데 탁월했다. 그는 군사 지식과 전략·전술 운용에서 나폴레옹과 마오쩌둥의 영향을 많이 받은 것으로 알려지고 있다. 서방 언론과 전문가들은 실제로 그를 '아시아의 붉은 나폴레옹'이라고 부르기도 한다. 하지만 보구에 지압은 "나에게 영향을 준 유일한 사람들은 숱한 외침에 맞서 승리를 거둔 위대한 베트남의 선배 전략가들이다"고 말했다. 청년 시절 프랑스 식민 당국에 의해 가족이 처참하게 희생당하는 고통을 겪었던 그는 민족애民族愛를 바탕으로 어떤 군사 지도자도 상상하지 못한 독창적인 전략을 구현했다.

'적이 원하는 시간과 장소에서 싸우지 않고, 적이 예상 못하는 방법과 시간, 장소에서 싸우는 것'이 그의 평생을 관통하는 '혁신 전쟁법'의 요체要諦이다. 그것은 21세기 전쟁터는 물론 기업 현장에서도 약자가 강자에 맞서서 승리를 만들어 갈 수 있는 책략일 수 있다.

보구엔 지압武元甲은 1911년 8월 25일 베트남 중부 꽝빈성 안싸에서 일곱 형제 중 다섯째로 태어났다. 그의 아버지는 농사도 짓는 공무원으로 집안은 유복했다. 지압甲·Giap은 외세의 공격을 막아내라는 뜻을 담고 있다.

그는 어린 시절부터 베트남 전쟁 영웅들에 심취하는 등 반反외세 독립주의적 성향을 보였다. 중학생 신분으로 당시 식민 종주국이던 프랑스에 맞서 항불抗佛 독립운동에 가담했다. 19세 때 〈민성民聲〉이란 신문에 가명으로 프랑스의 식민통치를 비판하는 기사를 썼다가 체포돼 13개월 동안 옥살이를 했다.

22세에 하노이대학에 들어가 법학을 공부한 보구엔 지압은 사립고등학교에서 역사와 문학교사로 일했다. 25세에 〈젊은 혼魂〉이라는 베트남어 신문을 창간했다가 폐간당한 뒤 〈르 트라바이Le Travail·노동〉라는 프랑스어 신문을 만들어 취재, 편집, 교열을 도맡았다. 1936년 하노이 북쪽 200km 지점 광산에서 시위가 벌어지자. 그는 자전거를 타고 달려가 프랑스 기업의 노동 착취와 현지 광부의 실상을 취재하고 돌아와 기사를 썼다.

"기자라는 직업은 신명나는 일이다. 신문사 일에는 종합적 시각과 판단력이 요청된다."

프랑스 식민당국이 1939년 9월 말 공산당을 탄압하자, 보구엔 지압은 1940년 중국으로 건너가 호치민을 만났다. 호치민은 그에게 '장군將軍' 칭호를 내리고 군사조직 책임을 맡겼다. 보구엔 지압은 중국에 1년여 머물면서 마오쩌둥의 유격전 등 군사 전략을 혼자 공부했다.

1941년 베트남에 잠입해 베트남 독립동맹Viet Minh을 결성한 보구엔 지압은 항일抗日 조직을 지도한다. 1947년부터 총사령관이 되어 프랑스와의 전쟁을 지휘했다. 베트남 공산당 주석이던 호치민은 당시 프랑스와의 전쟁을 '코끼리와 메뚜기의 싸움'에 비유했다.

"우리는 오늘 코끼리와 싸우는 메뚜기다. 하지만 내일 우리는 코끼리의 내장內臟을 가를 것이다."

코끼리는 몸집이 너무 커 메뚜기를 밟아 죽이지 못하므로 오히려 월맹에 승산이 있음을 빗댄 표현인데, 보구엔 지압은 이 말을 기적처럼 현실로 만들었다.

베트남 통일 후 1976년 부총리 겸 국방장관을 맡았다. 1981년부터 1991년까지는 부총리과학기술 담당를 지냈다. 은퇴 후 보구엔 지압은 시장 경제 개혁과 미국과의 관계 개선을 지지하며 청빈하게 살았다.

2013년 10월 하노이 병원에서 102세로 생을 마감하자, 베트남 공산당과 정부는 당서기장을 위원장으로 한 30인 장례위원회를 구성해 성대한 국장國葬을 치렀다.

6

이순신 李舜臣

"하늘을 날줄로 삼고 땅을 씨줄로 삼아 온 천지를 다스릴 인재요, 그가 이룬 일들은 하늘을 깁고 해를 목욕시키는 천지에 가득 찬 공로經天緯地之才 補天浴日之功이다."

정유재란1597년 때 조선을 돕기 위해 온 명나라 수군 제독 진린陳璘이 이순신 장군을 기리며 한 말이다.[1]

"영국 장수 넬슨은 인격과 천재적 창의성 면에서 이순신의 적수가 되지 못한다."

"일본군이 반 걸음도 서진西進하지 못하게 한 장수로 잘 싸울 뿐 아니라 만사萬事에 장군다운 기량을 갖춘 사람이었다."

일본의 군사 사상가인 사토 데쓰타로佐藤鐵太와 오가사와라 나가나리小笠原 長生가 각각 자신의 저서인 〈제국 국방사론〉과 〈제국 해군사론〉에서 이순신에 대해 평가한 내용이다.[2]

이순신李舜臣·1545~1598은 그가 지휘한 모든 해전에서 한 번도 패배한 적이 없는 '상승常勝 장군'이다. 그가 '23전 23승'을 거뒀다는 사람도 있고, '26전 26승' 또는 '44전 43승 1무'라는 주장도 있다. 그러나 이런 논란은 하나의 해전을 여러 개로 나눈데 따른 착시일 뿐이다. 스무 번이 넘는 국제 전투에서 모두 승리하고 한국, 일본, 중국 등 동아시아 3개국에서 극찬의 대상인 군인은 이순신이 유일하다.

특히 임진왜란과 정유재란의 7년 전란 과정에서 그가 보인 전략 전술과 병법兵法 운용은 시대와 공간의 한계를 넘어선 혁신의 최고봉이었다. 임진왜란 발발1592년 4월 13일 20여일 전에 진수된 거북선[龜船]이 그를 상징한다. 일본과의 전쟁을 미리 예상한 이순신은 일본의 전통적인 수군 전법조총을 쏘면서 근접해 갈고리를 던져 전선을 끌어당긴 후 배에 올라타 칼로 싸우는 등선백병전[登船白兵戰]을 무력화하고 아군의 강점을 극대화하기 위해 거북선을 만들었다. 이순신이 1592년 6월 14일 선조 임금에게 올린 장계狀啓에 나오는 내용이다.

"신이 일찍이 왜적의 난리를 염려하여 전선과 다른 제도[別制]로 귀선龜船·거북선을 만들었습니다. 배 앞이물에는 용의 머리를 달았고, 입에 대포를 놓으며, 잔등에는 철첨鐵尖·쇠꼬챙이을 꽂았습니다. 배 안에서는 밖을 내다볼 수 있으나, 밖에서는 안을 들여다볼 수 없습니다. 비록 적의 배가 수백이라도 그 가운데로 뚫고 들어가 대포를 놓을 수 있습니다."[3]

한·중·일에서 존경받는 군신軍神

이순신의 목표는 단순히 전쟁 승리가 아니었다. 그보다는 백성의 안녕과 나라의 보존이 훨씬 더 높고 큰 가치였다. 이순신은 자나 깨나 이를 걱정하느라 숱한 불면의 밤을 보냈다. 1598년 11월 19일 새벽, 노량露梁 앞바다 배 위에서 생의 마지막 순간까지 땀과 피를 쏟았다. 그의 유해가 운구된 경상도 남해 관음포에는 이순신을 기리는 사당 이락사李落祠가 있다. 이락사의 편액에는 '대성운해大星隕海' 네 글자가 적혀 있다. '큰 별이 바다에 떨어졌다'는 뜻이다.

임진왜란이 발발하기 4개월 전인 1592년 1월부터 노량해전에서 결정적인 승리를 앞두고 전사하기 전까지 이순신이 직접 쓴 〈난중일기亂中日記〉를 비롯해 여러 시詩와 보고서 등은 그의 깊은 고뇌와 애민정신을 보여준다.

이순신은 칼을 든 군인이면서 전란 중에도 항상 책과 붓을 가까이 한 선비였다. 또 대민對民 관계와 조직 관리의 명수였고, 소통의 달인이었다. 승려, 노비, 기술자, 서자庶子 등 출신과 신분을 가리지 않고 많은 사람들이 그의 휘하에 모여들었다. 장졸들도 이순신과 있을 때는 항상 사기충천해 연전연승하는 용사들이 됐다.

이순신을 대신해 삼도수군통제사에 임명됐다가 반 년여 만에 휘하 군대가 전멸당하고, 자신도 목숨을 잃은 원균元均 같은 장수의 실패를 보면 이순신이 얼마나 험한 가시밭길을 걸었고, 얼마나 역량 있는 지도자였는지 짐작할 수 있다.

이순신의 리더십은 우리나라 전체 역사를 통틀어도 전무후무할 정도로 발군이다. 그 밑바탕에는 주어진 최악의 환경을 무한긍정하며 이겨낸 강한 정신력이 있다. 그리고 자신과 가족, 백성, 민족 전체의 멸절 위기가 다가오기 전부터 부단히 담금질해온 철저한 준비자세가 있다. 이순신의 혁신가적 삶이 민족을 구한 것이다.

이순신은 평생 고독과 고난을 벗삼아 살았다. 과거시험부터 한 번 낙방 끝에 당시로선 많이 늦은 32세에 급제했다. 그 이후 10년 동안에는 시기와 모함을 받아 지방의 미관말직을 전전했다. 임진왜란 중에도 안팎의 적들에게 시달리고 상처받았다. 〈난중일기〉에 '홀로獨', '눈물', '잠을 이루지 못했다寢不能寐', '웅크리다縮' 같은 단어가 자주 등장하는 게 그 증거다. 혼자 눈물을 흘리거나 마음 아파 뒤척이는 모습이 〈난중일기〉에서만 35번 정도 나온다.

"배의 뜸 아래 웅크리고 앉아 있으니 온갖 생각이 가슴속에 치밀어 올라 마음이 어지럽다." 1593년 3월 2일

"홀로 빈 집에 앉았으니 걱정에 더욱 번민하니 밤이 깊도록 잠들지 못했다." 1594년 7월 12일

"촛불을 밝히고 혼자 앉아 나랏일을 생각하니 나도 모르게 눈물이 흐른다." 1595년 1월 1일

"나라의 정세를 생각하니 위태롭기가 아침 이슬과 같다. 마음이

어지러워서 하루 내내 뒤척거렸다." _{1595년 7월 1일}

고독·고난·고통을 '담금질' 기회로

이순신이 전쟁 중 위경련과 복통, 두통 같은 증상을 종종 앓았던 것도 이런 고독, 고심 때문이었다. 1594년 당항포해전을 끝낸 3월 8일자 일기에서 그는 "병세는 별다른 차이가 없었고, 기운이 축이 나서 종일 고통스러웠다"고 했다. 같은 해 4월 26일에는 "통증이 너무 심하여 거의 정신을 차릴 수 없다"고 썼고, 5월 16일에는 "저녁에 큰 비가 내려 밤새도록 배의 지붕이 새어 모든 게 다 젖었다. 각 배의 병사들이 거처하는데 괴로울까 매우 걱정이 되었다"고 했다. 최악의 상황에서 연이은 전투로 심신이 극도로 힘들었지만, 이순신은 부하와 나라 걱정으로 더 깊은 속앓이를 했다.

이순신은 자신의 두 형들처럼 문과 공부를 하다가 결혼 후 무관 출신의 장인丈人을 만나 22세 때부터 무과武科 공부로 바꾸었다. 이후 6년의 준비 끝에 1572년_{28세} 가을, 훈련원 별과 시험에 응시했으나 말을 달리다가 떨어져 왼쪽 다리가 골절되는 바람에 낙방했다. 다시 4년간 무예 공부를 더해 32세에 무과에 합격했으니 남들보다 5~10년 더 고단한 세월을 보낸 셈이다.

급제 후에도 10년 동안 지방의 한직을 맴돌았다. 툭하면 파직罷職·요즘의 파면 당했다. 첫 번째는 38세 되던 1582년 1월, 발포鉢浦·지금

의 전남 고흥군 만호萬戶로 있던 이순신에게 사감私感이 있던 군기경차
관軍器敬差官 서익이 앙심을 품고 모함했기 때문이다. 4개월쯤 후 종
4품 만호자리보다 직급이 8단계 낮은 종8품 한양 훈련원 봉사에
복직됐으나 이순신은 한마디 원망 없이 주어진 길을 갔다. 43세에
함경도 녹둔도 둔전관으로 있던 이순신은 북병사 이일에 의해 두
번째 파직됐다. 이순신의 병력 증원 건의를 수차례 무시한 이일이
기습 공격해온 여진족의 침입을 빌미로 이순신을 희생양 삼았던
것이다. 이때 이순신은 처음 백의종군했다.

세 번째 파직은 그가 삼도수군통제사로 있던 52세 때였다. 도요
토미 히데요시豊臣秀吉는 1597년 1월 12일, 14만 명의 대병력을 동
원하여 재침을 감행, 정유재란을 일으켰다. 정유재란 발발 직전인
1596년 12월, 선조는 삼도수군통제사 이순신에게 "왜장인 가토 기
요마사加藤淸正가 1월과 2월 사이에 바다를 건너올 것이니 그의 도
해정보를 입수해 해상에서 요격하라"고 지시했다.

하지만 이순신은 "바닷길이 험난할 뿐만 아니라 적이 반드시 육
지의 여러 곳에 복병을 설치하고 기다릴 것이니 배를 많이 거느리
고 가면 적이 알지 못할 리 없고, 배를 적게 거느리고 가다가는 도
리어 습격을 당할 것입니다"[4]라며 명령 수행을 거부했다. 이에 선
조는 이순신에게 분노해 관직을 빼앗고 하옥시켰다. 그런데 이것
은 조선 수군을 유인하기 위해 일본 장수 요시라要時羅가 꾸며낸 간

계였다.

세 번 파직당해도 자나 깨나 '나라 걱정'

1597년 2월 26일, 한산도에서 왕명 거부죄로 체포된 이순신은 한양으로 압송돼 3월 4일부터 27일 동안 감옥살이를 했다. 그러다가 백의종군 명령을 받아 4월 1일 풀려나서 경상도 합천에 있는 권율 도원수 진영으로 갔다. 65일간의 이동 중에 이순신은 어머니상을 당했다. 이순신은 종착지점을 앞둔 합천군 개연介硯을 지나며 일기에 이렇게 썼다.

"개연으로 걸어오는데 기암절벽이 천 길이나 되고 강물은 굽어 흐르고 깊었으며, 길에는 또한 건너지른 다리가 높았다. 만일 이 험요한 곳을 눌러 지킨다면 만 명의 적군도 지나가기 어려울 것이다."[5]

삼도수군통제사로 있다가 졸지에 백의종군을 하는 일생일대의 수치와 황망함 속에도 이순신의 마음은 여전히 나라 걱정[憂國]으로 가득 차 있음을 보여주는 대목이다. 그는 주변 사람이나 자신을 한 번도 탓하지 않았다. 자신의 출세에 힘을 미칠 수 있는 권세가에게 몸을 숙이지도 않았다. 임진왜란 때 병조판서와 영의정을 지낸 서애西厓 류성룡의 증언이다.

"순신이 막 옥에 갇혔을 때, 일이 어떻게 될지 예측을 할 수가 없었다. 한 옥리獄吏가 순신의 형의 아들 분芬에게 비밀히 말하기를 '뇌물을 쓰면 방면될 수 있겠습니다' 하였다. 순신이 이 말을 듣고 분에게 화를 내어 말하기를 '죽게 되면 죽을 뿐이다. 어찌 바른 길을 어기어 살기를 구한단 말이냐'라고 하였다. 그는 지조志操를 지킴이 이와 같았다."**6**

이순신의 조카 이분李芬은 〈이충무공행록李忠武公行錄〉에서 또 다른 일화를 적었다.

"율곡 이이 선생이 이조판서였을 때, 공公의 이름을 들었고 게다가 같은 가문덕수 이씨 출신인 것을 알고 있었기에 류성룡에게 부탁해 한 번 만나기를 요청했다. 공이순신이 발포 만호에서 파직된 후 그 사정을 안 류성룡은 공에게 이이를 만나 보라고 권유했다. 그러나 공은 '나와 율곡은 같은 가문 출신이니 서로 만날 수 있습니다. 그러나 이이가 이조판서 자리에 있는 때에 만날 수는 없습니다'라고 하면서 끝내 만나러 가지 않았다."**7**

조선 광해군 때 영의정 박승종朴承宗이 전라관찰사 시절 쓴 〈충민사기忠愍祠記〉는 이순신이 이런 말을 했다고 기록하고 있다.

"대장부가 세상에 태어나서 쓰이면 죽기로 자신을 바칠 것이고, 쓰이지 못하면 농사를 지어도 만족할 것이다. 만약 권세와 부귀에 아첨해 일시적인 영화榮華를 훔치는 것이라면 나는 그것을 매우 부끄러워할 것이다."

이순신도 세상과 타협하면 출세할 수 있음을 잘 알고 있었던 것이다. 하지만 그는 소신과 지조를 택함으로써 스스로 고난을 마주했다. 상승 출세만 했다면 이순신 역시 평범한 인물로 생을 마쳤을 가능성이 높다. 하지만 숱한 시련과 응전을 거듭하며 그는 작은 이익[小利]을 넘어 나라와 민족이란 큰 뜻[大義]에 헌신하는 인물이 될 수 있었다. 5~7년마다 되풀이된 어려움을 겪으며 이순신은 자신을 성찰하며 세상을 버티고 초월할 수 있는 담대함과 자신감을 얻었던 것이다.

하루 2~4시간 자며 독서하고 자기 성찰

19세기 영국의 문필가 새뮤얼 스마일스Samuel Smiles는 저서 〈자조론Self Help〉에서 "고통스러운 시련이야말로 우리들의 인격을 단련시켜 자기 수양의 기회를 제공해주고, 우리들의 힘은 역경에서 발휘된다"[8]고 했는데 이순신이 바로 그러했다.

류성룡은 〈징비록〉에서 이순신의 풍모에 대해 "순신은 말이 적고, 잘 웃지 않는 사람이었다. 그의 용모는 수려하고 근엄한 선비와 같았으나 내면으로는 담력이 있었다"[9]고 적었다. 이는 30년여의 자기 단련을 통해 이순신이 강하고 담대한 자아로 바뀌고 더 큰 가치에 몸을 던질 줄 아는 인물로 성숙했음을 시사한다.

이순신의 자기 혁신은 그저 얻어진 게 아니다. 고통과 유혹을 참고 이겨낸 극기의 결과이다. 절제 있는 생활로 자기 수양과 실력 연마에 노력했기 때문이다. 이순신의 생애를 다룬 〈이충무공행록〉에 소개된 내용이다.

"계사년1593년·48세 공은 진陣에 있을 때 여색을 가까이 하지 않았고未嘗近女色, 매일 밤 허리띠를 풀지 않고 잠을 잤으며每夜寢不解帶, 겨우 2~4시간一二更 자고 언제나 사람들을 불러 날이 밝을 때까지 묻고 의논했다. 또한 먹는 것은 아침 저녁 5, 6홉뿐이었다. 지켜보는 사람들이 적게 먹고 일을 많이 하는 것을 깊이 걱정했다. 공은 정신력이 다른 사람들보다 더욱 강해서 때로는 손님과 한밤중까지 술을 아주 많이 마시고도 닭이 울 때면 반드시 일어나 촛불을 켜고 불을 밝히고 글이나 책을 보거나 전략 전술을 강론했다."**10**

낮에는 업무를 보고, 이른 새벽이나 한밤중에 이순신이 책을 읽으며 사색과 성찰을 했다는 것이다. 일부 고위 장수나 관리들이 엽색 행각을 일삼은 것과 대비되는 행실이다. 〈난중일기〉 1593년 5월 30일에 있는 내용이다.

"남해 현령 기효근의 배가 내 배 옆에 댔는데, 그 배에 어린 계집을 태우고 남이 알까봐 두려워하였다. 가소로웠다. 이처럼 나라가 위급한 때를 당해서도 예쁜 여자나 태우고 다니니, 그 마음 씀씀이를 말로 표현할 수 없다. 그러나 그 대장인 원균 수사 또한 이와 같으니 어찌하겠는가."**11**

이순신은 3년쯤 후 일기1596년 3월 23일에서는 "초경初更 후밤 9시쯤에 영등포 만호萬戶가 그의 어린 딸을 데리고 술을 가져왔다고 하는데, 나는 만나지 않았다. 이경二更 후밤 11시쯤에 돌아갔다"고 썼다.

휴가 갈 때는 관청 양식 모두 반납

전란 중에도 이순신은 공직자이자 장수로서 본분에 충실하며 흐트러짐이 없었음을 보여주는 대목이다. 정부 재산과 개인 소유물 같은 공公과 사私를 확실히 구분한 그는 청렴하게 살았다. 34세에 충청병사 군관으로 있을 때다.

"그 해1579년 겨울, 공은 충청병사의 군관에 임명되었다. 머물던 방 안에는 물건을 한 개도 두지 않았고, 오직 의복과 이불 밖에 없었다. 휴가를 받아 부모님을 뵈러 고향에 갈 때에는, 반드시 남게 될 양식과 반찬을 기록해 놓고 양식을 담당한 사람을 불러 남은 것을 돌려주었다. 병사가 듣고는 공公을 사랑하고 존중했다."**12**

관청의 양식糧食을 일일이 적었다가 휴가 중에 쓰지 않고 남게 되는 분량을 반납하는 이순신의 양심적인 행동은 요즘 공직자들에게도 본보기가 된다. 이순신은 행정과 경영 분야에서도 실력을 쌓아 상당한 수준에 올랐다. 이를 보여주는 두 사례가 있다.

하나는 1580년 35세에 이순신이 발포 만호를 맡았을 때다. 전라 감사 손식은 이순신에게 무관의 필수지식인 진서陣書를 읽고 설명하고 진도陣圖를 그리도록 했다. 그랬더니 이순신은 손식이 감탄할 만큼 빼어나게 잘했다고 한다. 또 하나는 1589년 전라도 정읍 현감이 된 이순신이 이웃 고을 태인까지 함께 관할했을 때다.

"태인에서는 오랫동안 수령이 없어 관청의 장부와 문서들이 쌓여 있었다. 공公이 물이 흐르듯 판결해 눈 깜짝할 사이에 다 처리했다. 그곳 백성이 둘러서서 듣고, 옆에서 지켜보다가 탄복하지 않는 사람이 없었다. 어떤 사람은 어사御史에게 진정서를 올려 공을 태인 현감에 임명해달라고 청하기도 했다."**13**

임진왜란 중 새벽 망궐례望闕禮·궁궐이 있는 쪽을 바라보며 절하는 예식로 하루를 시작한 이순신은 군중軍中에서 밤낮으로 갑옷을 벗는 일이 없었다. 이런 책임감과 집중력으로 이순신은 주변에서 '군신軍神'으로 불렸다. 〈징비록〉에 류성룡은 이렇게 적었다.

"견내량見乃梁·경남 거제와 통영시 일대의 좁은 해협에서 적과 서로 대치하고 있을 때였다. 통제사이순신는 갑옷을 입은 채로 전고戰鼓·전쟁터에서 치는 북를 베고 누웠다가 갑자기 일어났다. 그리고 좌우의 사람들을 불러서 소주를 가져오게 해 한 잔을 마셨다. 그리고 여러 장수들을 모두 불러 앞에 오게 한 다음 이렇게 말했다. '오늘 밤은 달이 매우 밝소. 왜적은 간사한 꾀가 많으니 달이 없을 때는 본래 틀림없이 습격을 해올 것이지만, 달이 밝아도 반드시 습격해올 거요. 경비를 엄중히 하지 않을 수 없소.' 드디어 호령 나팔을 불어 여러 배의 닻을 모두 올리게 했다. 또 척후선에 전령을 보내 그들을 깨워 대비 태세를 갖추게 했다. 한참 뒤에 그늘의 어둠 속으로부터 무수한 적선이 나타나 바로 우리 배에 접근하고 있었다. 이 순간 우리 중군中軍이 대포를 발사하고 함성을 질렀다. 아군의 여러 배들이 모두 호응했다. 적은 일시에 조총을 발사해 총소리가 온 바다에 진동하고 날아오는 총탄이 물 위에 비 오듯 떨어졌다. 그러나 감히 침범하지 못하고 그대로 퇴각했다. 여러 장수들이 모두 그^{이순신}를 신神이라고 하였다."[14]

백성들 향한 피끓는 '애민'

이순신의 혁신하는 삶을 이끈 추동력은 무엇이었을까? 이 질문에 대한 정답은 재물욕이나 명예욕, 권력욕이 아니라 '사랑'일 것이다. 부모형제와 자식에 대한 사랑은 기본이고, 백성들에 대한 사랑, 나라와 민족의 처지에 대한 애끓는 사랑, 그리고 자기 자신에 대한 사랑인 것이다. 〈난중일기〉를 보면 비참한 처지에 있는 백성들에 대한 '애민'의 심정이 많이 적혀 있다.

"맑았지만 바람이 크게 불고 몹시 추웠다. 각 배에서 옷도 제대로 입지 못한 사람들이 거북이처럼 웅크려서 추위에 신음하는데 차마 듣지 못하겠다. 군량미조차 도착하지 않으니 더욱 괴롭다."
1594년 1월 20일

"아침에 고성 현령이 왔기에 그에게 당항포에 적선이 드나들었는지 물었다. 또한 백성들이 굶주려서 서로 잡아먹는다고 하는데 장차 어떻게 보호하고 살릴 것인지 물었다." 1594년 2월 9일

"아침밥을 먹은 뒤 길을 떠나 옥과 경계에 이르렀는데, 순천과 낙안에서 피난해온 사람들이 길을 가득 메우고 남녀가 서로 부축하며 가니 눈물 없이는 차마 못 보겠다. 그들이 울면서 '사또께서 다시 오셨으니 우리가 살아날 길이 있다'라고 했다." 1597년 8월 6일

백성들에 대한 사랑과 긍휼이 이순신의 마음과 영혼을 사로잡고 있었던 것이다. 이로 말미암아 그는 위기 상황에서도 침착하게 초인적인 용기와 지혜를 발휘할 수 있었던 게 아닐까. 여기에는 전쟁 발발 전부터 수십 년간 다진 수양이 큰 힘이 됐다. 어머니에 대한 이순신의 사랑과 효심도 빼놓을 수 없다.

그는 〈난중일기〉에서 어머니를 100여 차례 언급했다. 그만큼 각별한 효자였다. 이순신은 화禍를 피하기 위해 70대 말의 노령이던 어머니를 자신의 진영 가까운 곳으로 모셔왔으나 바쁜 업무로 인해 거의 찾아뵙지 못하고 인편을 통해 안부를 물었다. 이순신의 어머니는 전쟁터에 나가 있는 이순신에게 어떻게 얘기했을까. 〈난중일기〉의 한 대목이다.

"어머니께 하직을 고하니 '잘 가거라. 부디 나라의 치욕을 크게 씻어야 한다'고 분부하여 두세 번 타이르시고, 조금도 헤어지는 심

정으로 탄식하지 않으셨다."**15** 1594년 1월 12일

지극한 효심을 나라사랑으로 승화

자식의 처지를 걱정하기는커녕 나라를 위해 더 전력투구하라는 어머니였다. 이런 어머니가 있었기에 이순신은 더욱 용기를 내서 나라와 백성을 위해 힘을 낼 수 있었다. 그는 임진년 1592년 4월 27일 '경상도를 구원하기 위해 출전' 보고를 하며 조정에 올린 장계狀啓에서 "몹시 원통해 쓸개가 찢어지는 것 같다憤膽如裂. 마음과 힘을 다해 나라의 수치를 씻겠다竭心力 擬雪國家之恥"며 비장한 결의를 보였다.**16**

1597년 2월 삼도수군통제사에서 파직돼 백의종군을 하던 중, 어머니는 세상을 떠났다. 이순신은 수군통제사에 복직해 명량에서 대승을 거둔 뒤 어머니를 생각하며 〈난중일기〉에 썼다.

"어두울 무렵에 코피를 한 되 넘게 흘렸다. 밤에 앉아서 생각하다가 눈물이 나니, 어떻게 말로 다 하겠는가? 이제는 혼령이 되었으니, 어찌 끝내 불효가 여기까지 이르게 될 줄 알았겠는가? 비통함에 가슴이 찢어지는 듯하니, 억누를 수가 없다."**17** 1597년 10월 19일

가족 돌보는 것보다 아들이 나라의 장수로서 몸 바쳐 일하기를 염원하는 어머니가 '영웅 이순신'을 만든 것이다. 이순신은 막내아들 면葂의 죽음에 크게 슬퍼했다. 아들 면은 명량해전에서 이순신

이 승리한 직후, 이순신의 고향인 충청도 아산 집에 쳐들어간 왜군의 보복 공격을 받아 목숨을 잃었다.

'아직도'가 상징하는 낙관의 힘

"나이순신는 내일이 막내아들이 죽었다는 소식을 들은 지 나흘째인데도 마음 놓고 통곡하지도 못했다."난중일기·1597년 10월 16일

자신을 가장 많이 닮아 이순신이 가장 사랑했다고 하는 막내아들 면의 죽음은 그에게 어머니의 죽음 이상의 큰 고통이었다. 그럼에도 이순신은 부하들 앞에서 울지 않고 꿈속에서 혼자 통곡하며 아픔을 삭였다. 그러다가 외진 곳 소금 굽는 노비 집에 가서 통곡하기도 했다. 이순신은 개인적 비통함에 빠져 있지 않고 그것을 백성과 나라에 대한 사랑, 헌신으로 승화했다.

더 중요한 것은 이순신 자신에 대한 사랑, 즉 자존심이었다. 명량해전1597년 9월을 앞두고 이순신이 말한 "신에게는 아직도 전선 12척이 있습니다今臣戰船尙有十二"**18**라는 한 문장이 그를 웅변한다. 여기에서 '아직도'라는 표현이야말로 자신에 대한 낙관과 긍정적 확신을 보여주는 상징인 것이다. 이순신 연구가인 박종평은 "이순신이 가졌던 '자기애自己愛'야말로 타인에 대해 너그럽고, 배려하는 리더십, 단호한 판단력, 긍정적인 확신을 가질 수 있었던 핵심"이라고 했다.**19**

1597년 2월 26일, 왕명 거부죄로 한산도에서 체포된 이순신은 3월 4일 한양에 투옥됐다가 27일간 옥살이를 했다. 그가 4월 1일 감옥에서 풀려나 일기에 맨 처음 적은 글은 "맑았다. 옥문獄門을 나왔다"[20]였다. 포기하거나 절망하는 모습은 없었다. 치욕의 순간에 좌절하며 괴로워하는 보통사람들과 달리 이순신은 자신에 대한 사랑과 믿음으로 담담하게 이겨낸 것이다.

이순신은 여기서 한 걸음 더 나아갔다. 최악의 밑바닥으로 곤두박질치더라도 죽음을 두려워하지 않고 온 힘을 다해 자신에게 주어진 사명에 최선을 다하기로 한 것이다. 이런 생각은 임진왜란이 터지기 훨씬 전부터 이순신의 내면에 형성돼온 가치관이었다. 1587년 녹둔도 둔전관 시절 북병사 이일에 의해 파직 당했던 때의 일이다. 이순신의 억울함을 알고 위로하러 찾아온 이일 휘하의 군관이자 이순신의 친구인 선거이宣居怡가 눈물을 흘리며 위로하면서 "술 한 잔이라도 마시고 들어가라"고 하자, 이순신은 "죽고 사는 것은 하늘이 명령에 있소. 술은 마셔 무엇하오死生有命 飮酒何也"라며 거절했다.[21]

1597년 2월, 선조의 명령으로 삭탈관직 후 감옥에 갇혀 있을 때도 이순신은 "죽고 사는 것은 천명이다. 죽게 되면 죽는 것이다.死生有命 死當死矣"라고 말했다. 그 해 9월, 명량鳴梁에서 13척의 전선으로 일본 수군의 133척을 맞아 싸우기 직전에 그는 "병법에 이르기

를 반드시 죽고자 하면 살고, 반드시 살고자 하면 죽는다必死則生 必生則死"라고 했다.**22**

죽음 두려워 않자 신神이 도와줘

이순신은 운명은 하늘이 정한다고 믿었다. 그래서 살려고 발버둥칠수록 구차해질 뿐이며, 살고 죽는 것을 하늘의 명령[天命]에 맡기고 자신이 해야 할 일에 모든 힘을 쏟았다.

처종형으로 자신의 막하에서 장수로 활약했던 황세득黃世得이 전사했을 때도, 이순신은 친척의 죽음을 불쌍히 여기기보다 "세득은 나랏일로 죽었으니 그 죽음이 영광스럽다"고 했다. 삶과 죽음을 대하는 이순신의 태도는 생명에 집착하는 여느 사람들과 달랐던 것이다.

이순신 사생관의 가장 극적인 순간은 1598년 11월 노량해전 직전과 노량해전 당일11월 19일 새벽 이순신이 총탄을 맞았을 때다. 퇴각하는 왜군을 전멸하기 위해 이순신은 전투를 꺼리는 명나라 수군 제독 진린을 설득해 출전했다. 그는 11월 18일 밤 삼경三更·밤 12시쯤에 배 위에서 손을 씻고 꿇어앉아 하늘에 기도했다.

"오늘 진실로 죽기를 결심했습니다. 원컨대 하늘이시여, 반드시 이 적들을 무찔러 주소서!今日固決死 願天必滅此賊!"**23**

다음날 이순신은 전투를 독려하다가 적탄에 맞은 뒤 죽음을 직감하며 "싸움이 한창 급하다. 내가 죽었다는 말을 하지 말라戰方急, 愼勿言我死"**24**고 했다. 죽고 사는 것을 하늘에 맡기는 자세는 오히려 하늘의 뜻을 절대적으로 믿고 힘껏 개척해 나가겠다는 적극적이고 진취적인 기상의 표출이라고 볼 수 있다.

〈난중일기〉와 이순신의 행적을 기록한 문헌에 종종 신神이란 표현이 등장하는 게 이런 추정을 뒷받침한다. 임진왜란이 터진 지 한 달쯤 경과한 1592년 5월 29일 사천 전투를 앞두고 이순신에게 벌어진 일을 조카 이분은 이렇게 증언한다.

"공이순신이 꿈을 꾸었는데 머리카락이 하얀 어른[白頭翁]이 공公을 발로 차면서 말하기를 '일어나라. 일어나라. 적이 왔다'고 했다. 공이 일어나 즉시 여러 장수를 거느리고 나아가 노량에 도착했더니 적이 과연 오고 있었다. 공을 보고 도망쳤기에 뒤쫓아 사천에 이르러 13척을 불태워 부수었다."**25**

이때 처음 나타난 백발노인은 같은 해 7월의 한산해전 직전과 1597년 9월의 명량해전 직전에도 등장한다. 1597년 9월 15일, 명량해전을 앞둔 날 일기에서 이순신은 '백발노인'이 아니라 '신인神人'이라고 적었다. 꿈속의 백발노인이 자신을 도와주는 특별한 예언자라는 믿음을 갖고 존경의 의미를 담아 '신인神人'이라고 호칭한 듯하다.

"이 날 밤 꿈에 신인이 나타나 가르쳐 주기를 '이렇게 하면 크게 이기고, 이렇게 하면 진다'고 하였다."**26**

　왜군의 침략으로 바람 앞 촛불 신세인 조국과 백성을 구하려는 이순신의 기도와 진심이 하늘까지 감동시켰던 것일까. 〈난중일기〉와 이순신에 대한 각종 기록을 보면 이런 생각을 떨칠 수 없다. 극진한 충정과 애민정신이야말로 이순신의 부단한 혁신을 촉발한 원천이었다.

하급 장교들 불러 함께 작전회의

　이순신은 자신의 출세를 위한 아부나 줄대기에는 둔재였다. 그러나 휘하 장졸이나 백성과의 관계에서는 물 흐르는 듯한 부드러움으로 그들을 사로잡고 끌어들이는 데 탁월한 천재였다. 예를 들면 이순신은 직위 고하高下를 떠나 정보를 가장 풍부하고 가장 정확하게 갖고 있는 하급 장교들도 계책 회의에 참여토록 했다. 〈징비록〉에 나오는 대목이다.

　"순신이 한산에 있을 때에 운주당運籌堂이라는 집을 짓고 밤낮을 그 안에서 거처하면서 여러 장수들과 더불어 같이 병사兵事를 의논하였는데, 비록 하급의 졸병일지라도 군사軍事에 대하여 말하려고 하는 자가 있으면 와서 말하는 것을 허락하여 군정軍情을 통하게 하였다. 또 전쟁을 하려고 할 때에는 매번 부하의 비장裨將·하급 장교들을 죄다 불러서 계책을 물어 작전계획을 정한 뒤에 싸움을 결행하였기 때문에 싸움에 패하는 일이 없었다."**27**

〈난중일기〉를 보면 노비에서부터 어부, 나무꾼, 승려, 유생儒生에 이르기까지 1천여 명의 이름이 등장한다. 이는 이순신 주변에 항상 백성들이 모여들었고, 다양한 재능을 가진 장졸들이 있었음을 뜻한다. 거북선을 함께 만든 나대용, 판옥선과 화포 주조에 뛰어난 정걸, 군수물자 조달 · 관리 전문가인 정경달 같은 중하급 군관들과 소금 굽는 사람 강막지와 관에 소속된 노비, 양반가의 사노비들까지 이름을 기록하고 있다. 이순신이 자신의 부하들과 구성원 한 명 한 명에 대해 관심을 갖고 관찰했다는 증거이다.

이순신은 때로는 어부, 때로는 나무꾼, 때로는 소금을 굽는 노동자가 되었고, 장사도 마다하지 않았다. 양반 사대부들이 가장 천시하는 말업末業인 상업은 물론이고 공업과 가장 힘든 일이던 소금 제조에도 앞장섰다. 물자와 보급품을 마련하기 위해 이순신은 물고기를 잡아야 할 때는 같이 물고기를 잡고, 돌을 실어와야 할 때에는 함께 돌을 실어오고, 칡을 캘 때에는 칡을 같이 캤다. 친구처럼, 형처럼, 아저씨처럼 그들과 동고동락했다. 이를 보여주는 장면이 〈난중일기〉에 여럿 나온다.

"선창으로 나가 쓸 만한 널빤지를 고르는데 수장水場 안에 피라미 떼가 몰려들기에 그물을 쳐서 2천여 마리를 잡았다." 1592년 2월 1일

"쇠사슬을 건너 매는데 쓸 크고 작은 돌 80여 개를 실어왔다." 같
은 해 2월 2일

"여러 배로 배 만들 재목을 보내는데 다 운반하고서 왔다." 1593
년 3월 14일

1595년 5월의 〈난중일기〉에는 소금을 굽는 쇠가마솥을 만들었
다는 기록이 3번 나온다. 가마솥은 소금을 굽기 위한 필수도구였
다. 명량해전 후에도 소음도 등 13개 섬의 염전에 김종려를 감독
관으로 보냈다는 기록'난중일기' 1597년 10월 20일자으로 미뤄보건대 이순
신은 염전을 계속 만들어 소금을 구웠다는 게 확인된다. 쌀, 면화
와 함께 '3대 흰색'으로 불렸던 소금은 생산이 힘들어 수군들도 일
하기를 꺼려했다.

밤에 군사들 쉬게 하고 혼자 화살깃 만들어

이순신은 평소에 부하 장수들과 바둑을 두면서 격의 없는 대화
를 나누고 순회점검시 자주 술과 떡과 고기로 회식과 술자리를 가
졌다. 설날과 추석, 동짓날에는 특별한 음식을 만들어 나누어 먹
었고, 씨름 놀이도 했다. 이런 원활한 소통을 통해 이순신은 자신
의 목적이나 의도하는 바를 부하 장수들과 공유하며 전원 일체감
을 이루었다. 〈난중일기〉에 다양한 사례가 등장한다.

"아침에 본영의 격군格軍·일종의 뱃사공 742명에게 술을 먹였다."

1594년 1월 21일

"동짓날이라 11월 중임에도 새벽에 망궐례를 드린 뒤에 군사들에게 팥죽을 먹였다." 1594년 11월 11일

"아침에 옷 없는 군사 17명에게 옷을 주고는 여벌로 한 벌씩 더 주었다." 1596년 1월 23일

"늦게 군사들 중에서 힘센 사람에게 씨름을 시켰더니, 성복이란 자가 가장 뛰어나므로 상으로 쌀 한 말을 주었다." 1596년 4월 23일

이순신은 백성들과 장졸들 위에 군림하거나 하대하지 않았다. 그들과 똑같이 전쟁터에 나갔고, 함께 씨앗을 뿌리고 된장을 쑤고 땀을 흘렸다. 그 과정에 그들처럼 부상도 당했다.

실제로 사천해전 1592년 4월 30일에서 이순신은 왜군이 쏜 철환에 맞았다. 철환은 이순신의 왼쪽 어깨를 뚫고 등에 박혀 피가 발뒤꿈치까지 흘러내렸다. 이순신은 그래도 활과 화살을 움켜쥐고 끝까지 싸움을 독려했다. 나중에 칼끝으로 살을 갈라 철환을 빼낼 때, 이순신은 편하게 이야기하며 웃으며 담담해 했다고 한다.[28]

이순신은 밤에 피로에 지친 군사들은 편히 쉬게 하고, 자신은 혼자 화살깃[箭羽]을 만들었다. 그리고 매번 장졸들과 똑같이 전장에서 화살을 쏘았다. 일부 장졸들이 이순신에게 "나라를 위해 몸을 아껴 달라"고 청했지만, 이순신은 하늘을 가리키며 "내 명命이 저기에 달려 있는데, 어찌 너희들에게만 적敵을 대적하게 할 수 있겠

느냐"고 했다.²⁹

이순신의 이런 모습은 신분 차별이 확실했던 조선 사회에서 상상하기 힘든 파괴적 혁신이었다. 그러나 이순신은 백성·부하들과 생사고락을 함께 하면서 일심동체가 됐다. 서로 믿음과 충성을 공유하며 일치단결한 결과, 이순신이 이끄는 수군은 왜군과 7년여 전투에서 한 번도 지지 않는 막강 군대가 되었다.

승려·노비·나무꾼도 받아들여

병법에 정통한 이순신은 전란으로 지친 백성과 부하들을 따뜻하게 보살피며 껴안은 덕장德將이었다. 전쟁터에서는 자신이 먼저 선두에 나가 싸우는 용장勇將이었다. 그는 부하들의 의복과 식량 문제를 해결하거나 전염병에 걸린 병사들을 구호하기 위해 동분서주했다. 1594년 봄 무렵 〈난중일기〉를 보면 이순신 자신도 전염병에 걸려 아주 위태로운 상황을 맞았다. 이순신은 그 해 3월 6일부터 25일까지 병으로 신음했다.

이때 아들들이 쉬어야 한다고 간청하자 이순신은 "적과 맞서고 있어 승리와 패배가 숨 한 번 쉴 때 결정된다. 대장인 사람은 죽지 않았다면 누워 있어서는 안 된다"³⁰라고 했다. 그래서 병을 앓으면서도 하루도 눕지 않고 예전처럼 일을 처리했다.

이순신은 당시 광양 현감 어영담을 비롯해 많은 장수와 군사가 전염병으로 죽거나 아파 누워 있는 모습을 보면서 특별히 유능한 의원을 보내줄 것을 조정에 요청하기도 했다. 그는 병사들을 위무하기 위해 교대로 휴가를 보냈고, 광해군에게 상소문을 보내 1594년 4월 진중陣中에서 과거시험을 볼 수 있도록 했다.[31]

그는 전투에서 공을 세운 부하와 지휘관들의 공로를 자세하게 기록해 포상 받을 수 있도록 애썼는데, 장계를 냈다가도 포상에 빠졌을 경우에는 다른 장계에 다시 올리기까지 했다. 이순신 연구가 박경식에 따르면 이순신은 장계 등을 통해 조정에서 직위를 주거나 승진을 시키는 제도적인 보상을 18회, 소속 장병에 회식을 하거나 상품을 주거나 노획물을 나눠주는 개인적인 보상은 123회 실시했다.[32]

그렇다고 이순신이 모든 일에서 무조건 자비로웠던 것은 아니다. 그는 원칙주의자였고, 법을 엄격히 준수했다. 법규나 명령을 어기거나 불성실 또는 탈영하는 장졸에게는 가차 없이 징벌을 가했다. 〈난중일기〉에서 이순신이 처벌한 기록만 120여 회 된다. 처벌 수위도 훈계부터 처형까지 다양했다. 〈난중일기〉에 등장하는 사례이다.

"각 고을의 아전 11명을 처벌했다. 전라도 옥과의 향소는 지난해부터 군사를 선발하는데 부지런하지 못해 결원이 거의 100여 명에 이를 정도로 많았다. 그러나 매번 거짓으로 대처하기에 이 날

사형에 처해서 효시했다." 1593년 6월 8일

"아침을 먹을 때 당포의 어부가 피난민의 소 두 마리를 훔쳐서 끌고 와서는 잡아먹으려고 적이 쳐들어왔다는 거짓말로 놀라게 했다. 나는 그 실상을 알고 배를 단단히 묶어 움직이지 않았는데 생각한 대로였다. 거짓말로 놀라게 했던 두 사람의 목을 베어 매달아 사람들이 돌아가면서 보게 했다." 1597년 8월 25일

장졸들에게 '공' 돌려…자비와 엄격 겸비

〈손자병법〉은 행군行軍 편에서 "훌륭한 장수는 부드러움과 너그러움으로써 사졸들의 마음을 합하고, 엄한 형벌로써 군기를 잡는다슴之以文, 齊之以武"고 했다. 이순신은 여기에 딱 들어맞는 자비와 엄격을 겸비한 장수였다. 특히 전공을 세운 부하들에게 상과 노획물을 주며 칭찬한 것은, 프랑스의 나폴레옹Napoleon Bonaparte·1769~1821을 연상케 한다. 나폴레옹도 이순신처럼 공을 세운 병사들에게 레종 도뇌르Legion d'Honneur 같은 새로운 훈장이나 상을 수여하거나 전장에서 곧바로 진급시키며 포상했다.

도량과 인품, 공평무사함이 입소문나면서 다양한 신분의 사람들이 비정규군으로 이순신 막하에 모여들었다. 이들은 군사는 물론 행정과 무기제조에 큰 역할을 했다. '바다의 의병'으로 불리는 포작鮑作과 토병, 사노비私奴, 절의 노비寺奴 등 하층민도 말단 수군으로

이순신이 지휘하는 전투에 참여했다. 포작은 일정한 거처 없이 해상을 떠돌며 고기잡이로 생계를 이어가는 천민층인데, 전라좌수영에서만 46척의 포작선이 동원될 정도로 중요한 역할을 했다. 하층민들은 전투에서 가장 선두에 섰고, 그런 만큼 사상자도 많았다.

이순신은 삼혜, 의능, 성휘, 신해 등 승려들과 각지에서 온 자발적인 유생들도 의병장으로 기용했다.[33] 그런 점에서 이순신은 군대의 성격과 질적 구성에 대혁신을 가했다. '관군官軍' 범주를 넘어 신분과 출신을 총망라한 '국민군國民軍' 형태로 바꾼 것이다. 다양한 부류의 백성들이 참여하는 혁신 군대 앞에 일본 수군은 적수가 못 됐다. 그럼에도 이순신은 장졸들에게 더 겸손했고, 공功을 내세우지도 않았다.

"몸이 장수의 자리에 있으면서 공로는 티끌만큼도 보탬이 되지 못했으며, 입으로는 교서를 외고 있으나, 얼굴에는 군사들에 대한 부끄러움이 있다."[34] 난중일기·1595년 5월 29일

"윗사람을 따르고 상관을 섬기는 데 있어서 그대들은 그 직책을 다했지만, 부하를 위로하고 사랑하는데 있어서 나는 그 덕이 모자랐다. 그대들의 혼을 한 자리에 부르니 차린 제사 함께 받으시게나" 祭死亡軍卒文·1595년 7월 14일·전사한 군졸들을 제사 지내며 쓴 글

1597년 2월 16일, 파직된 이순신이 한양으로 압송되어 가는 길에 남녀노소 백성들은 빽빽이 둘러싸 길을 막고 "사또! 어디를 가

십니까. 이제 우리는 죽었습니다"라고 서럽게 울부짖었다고 기록은 전한다.[35] 이순신은 수많은 백성들, 장졸들과 사랑과 믿음을 나누는 한 가족으로 일심동체를 이루고 있었다.

신무기 '거북선'으로 전쟁터 혁신

임진왜란이 터지기 1년 2개월 전인 1591년 2월, 전라좌수사정3품에 발탁된 이순신은 전투 현장에서도 혁신을 이끌었다. 승부수는 신형 병기 거북선[龜船]이었다. 전쟁 발발 하루 전날1592년 4월 12일 거북선의 성능 시험과 진수를 마친 것은 국운을 외롭게 짊어진 혁신가의 숙명 같은 일이었다.

거북선은 우리나라 역사에서 고려시대와 조선 초에도 있었던 것으로 전해진다.[36] 하지만 이순신은 당시 주력 전선戰船이던 판옥선板屋船을 기반으로 새로 만들었다. 〈난중일기〉에는 이순신이 거북선을 숨가쁘게 준비했음이 드러나 있다.

"이 날 거북선에 쓸 돛베 29필을 받았다." 1592년 2월 8일

"거북선에서 대포 쏘는 것도 시험했다." 같은 해 3월 27일

"비로소 거북선의 베돛을 만들었다." 같은 해 4월 11일

"식후에 배를 타고 거북선의 지자포, 현자포를 쏘았다." 같은 해 4월 12일

〈선조수정실록宣祖修正實錄〉 선조 25년1592년 5월 1일자는 '거북선'

에 대해 이렇게 적고 있다.

"순신은 전투 장비를 크게 수리하였다

스스로의 의지로 거북선을 만들었다

배 위에 거북잔등과 같은 판자를 덮었다

잔등 위에 칼과 쇠꼬챙이를 줄지어 꽂았다 (중략)

전후좌우로 나아가고 물러선다

나는 듯이 민첩하고 빠르다"[37]

종합해 보면 이순신은 누구의 명령이나 지시가 아니라 스스로의 판단에 따라, 일부 반대를 무릅쓰고 전문가를 찾고 경비를 마련해 거북선을 건조했다. 거북선은 적에게는 공포심을, 아군에게는 승리에 대한 확신을 주는 혁신적이고 위력적인 무기였다.

이순신은 신무기를 갖고 있으면서도 절대 경솔하게 싸움을 걸지 않고 매우 신중했다. 아군에 충분한 준비와 철저한 분석을 통해 반드시 이길 수 있는 유리한 환경을 만들고, 이기더라도 아군의 피해가 가장 적은 완전한 승리[全勝]를 지향했다. 이는 조선의 수군이 한 번이라도 패하면 일본 수군에게 서해로 진출하는 길목을 내주며, 그렇게 되면 조선과 백성의 운명이 끝이라는 것을 통감하고 있었기 때문이다. 이순신은 실제로 임진년 4월 13일, 왜군의 부산 상륙

소식을 듣고도 20일 넘게 출동하지 않았다. 그는 이 기간 동안 함선 정비와 군졸 훈련, 바닷길과 왜 수군의 동태와 정보 파악에 힘썼다.

"승리할 수 있는 곳에서 미리 이겨놓고 싸운다"

그 해 4월 29일, 경상우수사 원균은 "경상우수영이 이미 점령되었으므로 두 도道의 수군이 합세하여 적선을 공격하자"며 당포 앞바다로 급히 와달라고 요청해왔다. 그러나 이순신은 "타도他道의 물길을 알 길이 없고, 인도할 배가 없으며 더불어 작전을 상의할 장수가 없어 뜻밖의 실패가 있을 것을 염려한다"며 거절했다. 그러다가 닷새 후인 5월 4일 '사생결단의 각오'로 출전했다. 승리할 요인[勝算]을 최대한 많이 확보해 '먼저 승리해 놓은 상태에서 전쟁을 시작한다[先勝求戰]'는 게 그의 일관된 출전 원칙이었다.

이순신은 자신이 처한 조건과 상황, 실력을 정확하게 알고 적의 실력도 편견 없이 파악하려 했다. 그리고 승리할 수 있는 곳에서만 싸웠다.

"나를 알고 적을 알면 백 번 싸움에 백 번 이기고, 나를 알고 적을 모르면 한 번 이기고 한 번 질 것이다. 나를 모르고 적도 모르면 매번 싸울 때마다 반드시 패할 것이다. 이는 만고萬古의 변함없는 이론이다."**38**

이순신이 적敵 정보수집에 심혈을 쏟은 것은 이런 이유에서였다. 그는 별망군別望軍·정찰부대과 망장望將·망보는 장수, 탐망探望군관 등을 두고 민간인들로 구성된 탐후인, 체탐인도 운용했다. 정탐선, 복병선, 탐망선, 탐후선, 수색선 같은 여러 선박도 활용했다. 육로로 군관을 보내 적의 동태를 직접 살피기도 했다. 여기에다 현지 주민이 제공하는 정보와 포로로 잡혀 갔던 사람들의 심문 내용까지 포함한 종합 정보수집 체계를 가동했다.

그는 작전 출동을 하는 부대에게는 반드시 사전 수색활동을 시켰다. 그리고 이를 소홀히 할 경우에는 엄벌에 처했다. 〈난중일기〉임진년1592년 3월 20일자를 보면 사도첨사 김완金浣이 반나절 동안 4개의 섬을 수색하고 돌아왔는데, 보고가 거짓임을 알고 곧바로 재조사를 시켰다는 내용[39]이 나온다.

왜란 발발 다음해인 계사년1593년의 경우 이순신의 함선 수는 총 96척이었으나 정보 수집 선박인 초탐선은 106척이었다.[40] 명량해전1597년 당시에는 전선 13척에 정탐선은 32척이나 됐다. 정탐선으로 전선 숫자에서의 불리함을 이겨낸 것이다. 명량해전 직전인 1597년 9월 7일에는 탐망군관 임중형이 적선 13척의 기습을 미리 탐지해 공격을 저지했다. 명량해전 당일9월 16일 이른 아침에는 별망군으로부터 적선의 출현과 이동을 사전에 보고받고 대비했다.[41]

적 정보와 지리·천문·기상까지 챙겨

이순신은 남해안 현지 사정에 어두운 일본 수군에 대한 경쟁 우위를 확고히 다지기 위해 지리와 천문, 기상 등 세밀한 부분까지 챙겼다. 남해안 지리와 물때를 꿰뚫고 있는 광양 현감 어영담魚泳潭을 포함해 경상도 해역 지형에 밝은 옥포 만호 이운룡과 팽이바다 일대의 체탐군 오수, 해남 달마산 일대에서 망을 보던 임준영 등 지역 지리에 밝은 전문가들을 썼다.[42] 이순신 자신도 〈난중일기〉에 기록된 총 1614일 가운데 30여 일을 제외한 1584여 일간 매일 빠짐없이 날씨를 구체적으로 기록했다. 〈손자병법〉은 지형地形 편에서 "천시와 지리를 알면 가히 승리를 온전히 할 수 있다知天知地 勝乃可全"고 했는데, 이순신은 날씨와 바람, 조류潮流 같은 기상 정보까지 알고 있었던 것이다.

〈손자병법〉은 또 "싸울 곳을 알고 싸울 날을 알면 천 리나 되는 길을 가서라도 싸울 수 있지만, 싸울 곳을 모르고 싸울 날을 모르면 좌군이 우군을 구하지 못하고 우군이 좌군을 구하지 못한다知戰之地 知戰之日 則可千里而戰 不知戰地 不知戰日 則左不能救右 右不能救左"고 했는데, 이순신은 이런 가르침을 십이분 실행했다. 13척의 조선 수군이 왜선倭船 130여 척을 상대해 싸울 장소로, 명량에서도 물살이 빠르고 거센 울돌목을 정한 게 대표적이다. 특히 울돌목의 가장 좁은 곳은 폭이 280m에 불과했다. 그래서 왜선 수가 많았지만 울돌목을 통과할 때에는 한 번에 많아야 6척에 불과했다.

이런 지형을 이용함으로써 이순신은 전선 숫자상 1대 10(13척 대 130여 척)의 열세를 크게 줄일 수 있었다.[43] 울돌목의 좁고 세찬 물목을 의식한 일본 수군은 큰 전선인 아다케부네安宅船 대신에 중선中船인 세키부네關船를 주력선으로 투입했지만 세키부네조차 전투력을 발휘할 수 없었다. 명량해전에서 조선 함선은 1척도 손상을 입지 않은 반면, 왜선 31척은 모두 격파 당했다. 이순신은 명량해전 직전인 9월 15일, 휘하 장수들을 불러모아놓고 "한 사람이 길목을 지키면 천 명도 두렵게 할 수 있다—夫當逕 足懼千夫"[44]고 했다. 싸울 장소와 시간, 방법을 우리 주도로 선택한 이순신의 지략 덕택에 이 말은 현실이 되었다.

"적을 잡으려면 우두머리부터 잡으라"

이순신이 1592년부터 1598년까지 전투에서 한 번도 패하지 않은 이유 중 하나는 전투 시간을 길게 끌지 않았기 때문이다. 원균을 포함한 조선 수군들은 보통 전과戰果를 보고하기 위해 일본 수군들의 수급首級·적군의 머리 확보에 분주했다. 하지만 이순신은 수급을 챙기느라 시간을 지체할 경우 적에게 기습을 당할 수 있고, 아군의 전투의지가 분산되고, 아군의 위치가 적에게 노출되는 위험이 있다고 봤다. 그래서 그는 화력을 집중해 최대한 빨리 전투를 끝내고 전투 현장을 벗어나 휴식을 취하며 정보를 수집하거나 다음 싸움터로 이동했다.

임진왜란 중 이순신의 첫 출전인 옥포해전에서 전투에 소요된 시간은 약 1시간으로 추정된다. 육지에서 조총과 화살, 칼 등으로 싸웠다면 최소한 이틀 정도 소요됐을 시간을 대폭 줄인 것이다.[45] 이순신은 합포에서 적선 5척을 격침시킨 후 곧바로 회군했고, 적진포에서도 11척을 격파하고 전라좌수영으로 신속 귀항했다. 이순신은 적과의 전투에서 속전速戰·빠른 전투과 속승速勝·빠른 승리을 노렸다. 이는 조정의 지원 없이 자체적으로 모든 걸 준비해 전쟁을 치러야 하는 상황에서 아군 피해를 최소화하고, 아군 역량을 보존하려는 의도도 있었을 것으로 추정된다.

단시간에 승리를 거두기 위해 이순신은 여러 방법을 동원했다. 그 중 하나가 전투 초반부터 적의 지휘선을 식별해 그곳에 화력을 집중하는 것이었다. 임진년1592년 제2차 출동인 당포해전을 묘사한 〈난중일기〉에 전법이 드러난다.

"적선 중에 큰 배 한 척은 크기가 우리의 판옥선만 하였다. 배 위에는 누각을 꾸몄는데 높이가 두 길은 되겠고, 누각 위에는 왜장倭將이 우뚝 앉아서 끄떡도 하지 않았다. 편전과 크고 작은 승자총통勝字銃筒을 비 오듯 마구 쏘아댔더니 왜장이 화살에 맞고 떨어졌다. 그러자 모든 왜적이 한꺼번에 놀라 흩어졌다. 여러 장졸이 일제히 모여들어 쏘아대니 화살에 맞아 거꾸러지는 자가 얼마인지 그 수를 알 수 없었고, 모조리 섬멸하여 남겨두지 않았다."[46]

전투 초기에 적장을 사살함으로써 지휘체계를 마비시키고 적들이 우왕좌왕할 때 일시에 공격을 가해 궤멸하는 방식인 것이다. 거북선은 적장이 탄 지휘선이나 주력함을 향해 돌진하는 위력적인 함선이었다. 이순신은 한산해전1592년 7월에서도 적의 수군 선봉 2~3척에 화력을 쏟아부어 순식간에 격파해 승기를 초반에 잡았다. 이후 다른 전선을 축차적으로 격파하며 절대 우위를 끝까지 유지했다.

정유년1597년 명량해전에서도 이순신은 적의 지휘선을 집중공격하도록 해 왜장 마다시馬多時를 사살했다. 물에 빠진 그의 시체를 왜 수군들이 보는 앞에서 토막내 적의 기세를 결정적으로 꺾었다.

"내가 김돌손을 시켜 갈고리로 낚아 뱃머리에 올리게 하니, 왜인 준사俊沙가 날뛰면서 '이 자가 마다시입니다'라고 했다. 그래서 곧장 시체를 마디마디 잘라[寸斬] 토막 내라고 명령하니, 적의 기세가 크게 꺾였다. 우리의 여러 배들은 일시에 북을 울리고 함성을 지르며 일제히 나아가 각각 지자, 현자총통을 쏘니 소리가 산천을 뒤흔들었다."[47]

전쟁에서 이기는 상책 중 하나는 적의 최고 지휘관을 무너뜨리는 것이다. 병법의 고전인 〈36계計〉의 제18계는 금적금왕擒賊擒王,

즉 "적을 잡으려면 우두머리부터 잡으라"이다. 병법에 밝은 이순신은 이를 염두에 두고 집중공격을 가한 것으로 보인다. 〈손자병법〉은 군형軍形 편에서 '불실적지패不失敵之敗'를 강조한다. 지휘관은 이길 수 있는 순간을 놓쳐서는 안 된다는 뜻인데, 이순신은 공격할 대상과 타이밍 포착에 빈틈이 없었다.

소명과 사랑의 삶이 근원적인 힘

이순신은 어느 하나의 전략·전술에 얽매이지 않고 시간·공간 변화에 따라 수시로 유연하게 바꾸었다. 해전에서는 주로 학익진鶴翼陣·함선을 학 날개처럼 가로로 넓게 펼쳐 줄지어 쳐들어오는 왜군함을 격파하는 전술을 이용해 왜군을 협공했다. 왜 수군이 육상에서 방어 태세를 구축해 놓고 조선 수군을 공격한 부산포해전에서는 장사진長蛇陣을, 웅포해전에서는 횡열진橫列陣·일자 모양으로 죽 늘어서 공격하는 진법을 각각 구사했다.

이는 "사람들은 내가 승리를 거둔 태세에 대해 알지 못한다. 한번 성공한 그 전법을 반복해 쓰지 않는다莫知吾所以制勝之形 其戰勝不復"는 〈손자병법〉 허실虛實 편 구절 그대로이다. 이순신은 명량해전을 제외하고는 좁은 물목에서 해전을 벌이지 않았다. 대부분 조선 수군의 우세한 화력을 살릴 수 있는 넓은 바다로 유인해 격파하는 전략을 썼다. 왜 수군이 견내량에 정박하고 있다는 정보를 입수한 이순신이 서둘러 진입 공격을 하지 않고 한산도 앞바다로 적을 이끌어낸 게 그런 예이다. 한산도 앞바다가 조선 수군의 전선들이 매복하기 좋고, 함포 사용에도 유리하다는 판단에서였다.

이순신은 신무기를 장착하고, 적장을 표적 삼으며, 과학적 분석과 현장 지형 정보를 바탕으로 전법을 자유자재로 구사했다. 그의 행보는 당시 전쟁터에서 혁명적인 혁신이었다.

그는 또 현장에 철저했다. 임진왜란이 터지기 전인 1592년 2월부터 4월 14일까지 〈난중일기〉를 보면, 2월의 경우 관청의 사무실인 동헌東軒에서 12일간 일했고, 현장 점검은 14일 동안 했다. 3월에는 동헌에서 13일, 현장 점검은 7일이었다. 4월은 동헌과 현장에서 각각 7일씩 보냈다. 매월 최소 3분의 1 이상을 사무실 바깥 현장에서 보낸 것이다.

그는 부하들과 함께 하면서 아이디어를 얻었고, 문제도 풀었다. 틈만 나면 성벽과 전선, 훈련 상황을 일일이 눈으로 확인했고, 한산도에서는 활터 위치와 과녁 자리까지 챙겼다. 그러면서 자나 깨나 나라를 위해 몸 바쳐 은혜를 갚겠다는 결의로 충만해 있었다.

"분노가 가슴에 서리고 쓰라림이 뼈에 사무쳤습니다. 한 번 적의 소굴을 무찔러 나라를 위해 몸을 바치려는 마음이 자나 깨나 간절합니다. (중략) 한 번 죽을 것을 기약하고 호랑이의 굴을 곧바로 공격해 요사스러운 기운[왜군]을 다 쓸어 없애 나라의 수치를 만 분

의 일이라도 씻기를 원합니다." '선조에게 올린 장계'·1592년 4월 30일**48**

"신臣이 비록 어리석고 겁쟁이이지만 마땅히 화살과 돌을 무릅 쓰고 직접 나아가 여러 장수들보다 먼저 몸을 바쳐 나라의 은혜를 갚고자 하는데, 지금 만약 기회를 놓친다면 후회한들 무슨 소용이 있겠는가." 난중일기·1593년 9월 15일**49**

"내 목숨은 하늘에 달려있다"

이순신이 노량에서 마지막 승부수를 건 1598년 초겨울은 전쟁 이 막바지로 치달을 때였다. 더욱이 화친和親 협상이 진행돼 대부 분 현상유지에 젖어들고 있었다. 그러나 이순신은 안온한 마음을 떨치고 퇴각하는 적을 섬멸하는데 마지막 순간까지 앞장섰다. 일 본이 다시는 침략을 마음먹지 못하게 하려는 위민애국爲民愛國의 일 념에서였다. 11월 19일 새벽 노량 관음포에서 이순신은 왜선 200 척을 격파하고, 100여 척을 사로잡는 사상 최대 전과를 낸 채 하늘 로 돌아갔다.

단재 신채호1880~1936 선생은 〈조선 위인전〉에서 이순신을 이렇 게 평가했다.

"이李 충무忠武가 성공한 요결을 묻는다면 오직 1구句로 답할 수 있다. '내 목숨이 저기[하늘]에 있다[我命在彼]'고 한 1구의 말이 이것이 다. 죽고삶을 하늘에 따랐으므로 시퍼런 칼날도 능히 밟을 수 있고, 물과 불에도 들어갔으며, 호랑이 굴도 찾았으며, 여의주도 땄던 것이다. 만일 이 생사관두生死關頭·사느냐 죽느냐 하는 위태로운 고비를 초월하지 못하면 신묘한 전략이 있더라도 겁이 나서 운용할 수 없으며, 잘 훈련된 군대가 있더라도 이를 지휘하지 못할 것이다."**50**

이순신은 개인의 욕망과 죽음이란 한계를 백성과 민족을 향한 큰 사랑으로 떨쳐냈다. 그럼으로써 불가능해 보이는 모든 위기를 이겨냈다. 생사生死를 초월한 소명과 사랑의 삶이 이순신을 만든 근원적인 힘이다.

7

정주영鄭周永

1977년 10월 12일 오후 2시쯤. 피터 드러커 박사와 정주영鄭周永 현대그룹 회장이 악수를 나눈 뒤 자리에 마주앉았다. 정주영은 62세, 드러커는 68세였다. 드러커는 〈단절의 시대〉, 〈프로페셔널의 조건〉, 〈자본주의 이후의 사회〉 같은 명저를 쓴 오스트리아 출신의 경영학자이다.

"세계 경영학의 태두이신 교수님을 이렇게 만나 뵙게 되어 영광입니다."

정주영 회장이 인사를 건네자 드러커 교수가 화답했다.

"정 회장님께서 저를 경영학의 태두泰斗라고 불러주셨는데, 과분한 말씀입니다. 오히려 정 회장님을 뵈니 부끄러울 따름입니다. 정 회장님께서 발휘하신 기업가정신이 제가 주창하고 가르쳐온 핵심인데, 이를 실천한 가장 극적인 정 회장님 사례를 잘 모르고 있었으니까요."

드러커 교수는 말을 이어갔다.

"기업가정신은 머리가 아니라 가슴과 기질에서 나오는 것 같습니다. 많은 불확실성과 위험 요소, 난관으로 가려진 미래의 사업 기회를 예지력을 가지고 간파해내고 이를 강력하게 밀고 나가는 리더십과 결행력을 가진 정 회장님은 선천적으로 타고난 분입니다. 저는 이론가일 뿐이죠."[1]

현대 경영학의 창시자로 불리는 드러커Peter Drucker·1909~2005는 이 날 1시간여 대화에서 정주영에게 흠뻑 빠졌다. 드러커는 그로부터 28년 후 타계할 때까지 세계 기업가정신企業家精神·entrepreneurship의 표본으로 정주영을 빼놓지 않고 언급했다.

가난한 나라를 세계적 제조 강국으로

세계 최빈국이던 대한민국이 세계 14위 경제대국으로 크는데 주춧돌을 놓은 기업인으로 아산峨山 정주영鄭周永·1915~2001과 호암湖巖 이병철1910~1987을 빼놓을 수 없다. 현대그룹과 삼성그룹을 각각 창업한 두 사람은 우리나라 재계 순위 1위 자리를 놓고 1970~80년대 앞서거니 뒤서거니 하며 한국을 성장의 길로 이끌었다. 이들이 일군 삼성전자와 현대자동차는 세계 5위 안에 드는 글로벌 IT전자기술, 자동차 회사로 성장해 한국 제조업의 자랑이자 버팀목이 됐다.

두 사람은 기업으로 나라에 이바지한다는 사업보국事業報國과 세계 일등 기업을 지향한다는 점에서 서로 닮았다. 이병철은 섬유 · 제당 · 전자 등 가볍고 얇고 작은輕薄短小 제품 위주의 업종에 주력했고, 정주영은 조선 · 자동차 · 건설 같은 무겁고 크고 긴重厚長大 업종에 뛰어들었다.

마른 자신의 몸에 맞춘 신사복을 입고 다닌 이병철은 주로 호텔에 머물면서 각종 사업 구상을 많이 한 귀티가 나는 깔끔의 기업인이었다. 반면, 정주영은 작업복 차림으로 현장을 누비며 직원들과 큰소리로 떠들고 웃통 벗고 팔씨름을 하는 서민형 총수였다.

출신과 성장 환경도 많이 달랐다. 경남 의령군 정곡면의 부유한 집안 자제2남 2녀 중 막내인 이병철은 일본 와세다 대학에서 유학했으며, 처음 사업을 시작할 때 아버지로부터 사업자금으로 받은 금액은 요즘 돈으로 3억원에 달할 정도로 금수저 출신이었다.[2] 강원 통천군 송전면 아산峨山 마을의 가난한 농부 집안6남 2녀 중 장남에서 태어난 정주영은 이름 그대로 흙수저였다. 극도로 어려운 형편 때문에 열 살 무렵부터 각종 농사일을 해야 했다.

21세기 들어 20년째가 되는 지금도 한국인들은 정주영과 이병철을 그리워한다. 대한민국 산업 발전의 쌍두마차雙頭馬車 같은 존재인 두 사람이 남긴 자취와 업적이 워낙 커서다. 그런데 정주영은 2006년 11월 미국 시사주간지 〈타임TIME〉이 아시아판 창립 60주년을 맞아 선정한 '60년간 아시아의 영웅 65명'에서 한국 기업인 가운데 유일하게 뽑혔다.³

4년 후인 2010년 '자유경제원'이 전국 20여 군데 대학생들을 상대로 '한국에서 다시 부활하기를 바라는 기업인이 있다면 누구인가?'를 설문조사한 결과, 정주영65%이 가장 많은 지지를 받았다. 정주영의 생전 모습을 잘 모르는 젊은 세대도 그를 만나서 가장 배우고 싶은 한국의 대표 기업가로 꼽은 것이다.

2014년 5월과 2019년 6월, 한국갤럽이 전국의 성인 1000여 명을 대상으로 실시한 '한국인의 부자에 대한 인식' 조사에서 정주영은 두 번 모두 '우리나라에서 가장 존경할 만한 부자' 1위에 선정됐다.⁴

한국인은 정주영에게 왜 열광할까? 울산 현대조선소 건립 사례를 살펴보면 해답의 일단이 드러난다. 1972년 3월 총8천만 달러를 투자해 현대조선소 기공식을 열었지만 그를 전후한 시점에 학자, 관료, 언론, 기업인 등을 포함해 국내외에서는 현대의 조선소 건립은 불가능이며 설사 짓더라도 세계 조선 용량이 과잉過剩 상태라 빚덩어리가 돼 침몰할 것이라는 비관론 일색이었다. 정주영은 회고한다.

"당시 우리나라에서 가장 존경받는 경제학자로서 경제를 담당하는 부총리조차 나를 불러 '현대조선소가 성공하면 내 열 손가락에 불을 붙이고 하늘로 올라가겠다. 절대로 불가능하다'고 했다."[5]

하지만 오늘날 현대조선소는 단일 생산 단위 기준 세계 1위 조선소가 되었고, 세계 각국이 이 조선소를 부러워한다. 모두가 "불가능", "안 된다"고 움츠러들 때 정주영은 "할 수 있다", "하면 된다"를 외치며 전진해 목표를 이뤄냈다.

무일푼에 겨우 초등학교만 나온 정주영에게 피터 드러커가 감탄하며 매료된 데는 분명 이유가 있는 법이다. 정주영은 1998년 6월과 10월 2차례에 걸쳐 1001마리의 소떼를 몰고 방북해 역사적인 금강산 관광의 문을 열었다. 그는 1992년 대통령 선거에 출마한 최초의 재벌 총수라는 기록도 세웠다. 정주영은 주변부 농업 국가로 가난에 허덕이던 한국을 세계적인 제조업 대국大國으로 바꾼 '불굴의 혁신革新' 기업인이다.

몸으로 부딪치며 혁신한 '파우스트'형 인간

"세상에 올 때 내 마음대로 온 것은 아니지만

이 가슴에 꿈도 많았지

내 손에 없는 내 것을 찾아

뒤돌아볼 새 없이 나는 뛰었지

이제 와 생각하니 꿈만 같은데

두 번 살 수 없는 인생 후회도 많아

스쳐간 세월 아쉬워한들 돌릴 수 없으니

남은 세월 잘 해봐야지"

정주영이 생전에 즐겨 부른 대중가요 '보통 인생'의 가사다. 2001년 3월 22일 86세로 삶을 마감하기 전까지 그는 이 노랫말처럼 뒤돌아볼 새 없이 뛰었다. "더 하려야 더 할 게 없는, 마지막의 마지막까지 다하는 최선, 이것이 내 인생을 엮어온 나의 기본이다."[6] 그가 생을 정리하며 밝힌 회고는 허언虛言이 아닌 것이다.

강원도 통천에서 초등학교를 졸업한 정주영은 열아홉 살이 되던 해 소牛 판 돈 70원을 들고 네 번째 가출을 시도해 서울로 올라왔다. "농촌에 주저앉아 살면 아버지와 똑같이 살아야 하고, 고된 노동에 비해 농사일의 소득이 너무 적다"는 생각에서였다. 그는 인천항 부두 하역 노동자, 농가 품앗이 일꾼, 공사장 인부, 엿공장 잔심부름꾼 등을 하다 쌀가게 배달원으로 취직했다.

우리 나이로 스무 살 때인 1934년 월급 주는 첫 직장에 취직했다. 그런데 자전거 쌀 배달을 하다가 넘어져 자전거를 망가뜨리고 쌀과 팥 등을 길바닥에 모두 다 쏟아버리는 대형 사고를 쳤다. 정주영은 그러나 그 날 당장 선배 배달꾼을 졸라 자전거 쌀 배달의 기술과 요령을 배웠다. 그리고 밤부터 사흘 동안 내리 거의 밤잠을 안 자고 연습을 했다. 얼마 안 가 정주영은 한꺼번에 쌀 두 가마를 신고도 빨리 달리는 능숙한 자전거 쌀 배달꾼이 되었다. 그로 인해 처음엔 쌀 한 가마였던 월급은 금방 두 가마가 됐고, 나중에 세 가마까지 늘었다.

정주영은 이때부터 무슨 일이든지 하고 있는 일에 최고의 결과를 얻기 위해 최선의 노력을 쏟아 부으면 길이 있고 돈도 벌 수 있다는 신념을 굳혔다. 자전거 쌀 배달꾼 연습 때의 집중력과 반드시 성공해야 한다는 초심初心을 잊지 않고 '요만큼', '이만큼', '요정도' 같은 대충대충주의와는 담을 쌓기로 했다.[7] 이것이 그를 성공으로 이끈 첫 번째 열쇠였다.

빈대에게서 생존 교훈 얻다

그는 하찮은 벌레로부터도 생존의 교훈을 얻었다. 1933년 네 번째 가출 직후 맨 먼저 찾아간 인천부두 노동자 합숙소에서였다. 정주영은 그 당시 매일 밤마다 합숙소 방에 들끓는 빈대들 때문에 잠을 제대로 못 잤다. 그래서 빈대를 잡기 위한 온갖 방법을 썼지만 빈대들은 밥상다리를 타고 기어오르거나 벽을 타거나 천장으로 올라오는 등 갖은 수로 맞섰다. 정주영은 그때 소름끼치는 놀라움을 느꼈다며 이렇게 회고했다.

"하물며 빈대도 목적을 위해 저토록 머리를 쓰고, 저토록 죽을 힘을 다해 노력해 성공하지 않는가. 빈대한테도 배울 건 배우자.

인간도 무슨 일에든 절대 중도포기하지 않고 죽을힘을 다한 노력만 쏟아 붓는다면 이루지 못할 일이 없다."[8]

　빈대로부터 배운 교훈을 토대로 큰 어려움이 닥칠 때마다 모두가 포기하자고 했어도 정주영만은 물러서지 않고 넘치는 '투지鬪志'로 맞섰다. 한국전쟁 중 부산 피난민 시절 미군 부대 숙소 가假시설물 공사1951년, 베트남 캄란만灣 준설공사1966~67년, 경부고속도로 최대 난공사難工事였던 당제터널 공사1970년 등이 모두 그랬다. 적진敵陣에 들어가 죽을힘을 다해 싸움에 전념하는 군대 앞에 적이 결국은 무릎 꿇는 것처럼, 포기라는 단어 자체를 잊고 대포알처럼 죽기 살기로 달려드는 정주영의 기세氣勢 앞에 운명의 여신은 스스로 문을 열어주며 행운을 선사해줄 수밖에 없었다.

　1981년 9월 하순, 열흘 동안 바덴바덴Baden-Baden·독일 남서부에 있는 소도시에서 벌인 서울올림픽 유치활동도 그런 경우였다. 김택수 IOC국제올림픽조직위원회 위원을 비롯한 한국측 유치단원 대부분이 "서울은 총 82표 가운데 3표를 얻어 일본 나고야에 참패할 것"이라고 말할 정도로 내부적으로는 깊은 패배주의에 젖어 있었다. 그러나 정주영은 달랐다. '반드시 유치'라는 목표에 한 번도 의문을 품지 않았다. 그리고 마지막 순간까지 온갖 아이디어를 짜내고 발버둥쳤다. 유치도시 결정권을 쥔 IOC 위원들의 성향을 한 사람 한 사람씩 다 파악한 다음 그들을 상대로 총력 로비를 폈다.

나고야시市는 IOC 위원 부부에게 비싼 최고급 일제日製 손목시계를 선물하며 환심을 사려했다. 그러자 정주영은 정성스런 꽃바구니 배달로 그들의 '순수한 마음'을 사로잡는데 주력했다. 바덴바덴 시내 꽃집에 있던 꽃이 모두 동나자, 정주영 팀은 인근 프랑크푸르트에 있는 꽃밭을 통째로 사서 IOC 총회 마지막 날까지 매일 싱싱한 꽃을 호텔 방에 보냈다. 결과는 52대 27! 모두의 예상을 깬 서울의 완승完勝이었다.

포기는 없다…마지막까지 죽을힘을

정주영의 강인한 정신력과 용기, 지모智謀가 합작해 만든 대반전이었다. 정주영은 회고록 〈이 땅에 태어나서〉에서 이렇게 말했다.

"무모했지만 그 무모함이 부른 혹독한 시련을 견디고 뛰어넘고 쳐부수면서 우리는 산 공부를 해가며 그만큼 철저하게 강인해졌다. 〈대학大學〉에 '치지재격물致知在格物'이라는 말이 있다. '사람이 지식으로 올바른 앎에 이르자면, 사물에 직접 부딪혀 그 속에 있는 가치를 배워야 한다'는 뜻이다. 참다운 지식은 직접 부딪혀 체험으로 얻는 것이며, 그래야만 가치를 아는 법이다."**9**

기업가로서, 한 인간으로서 정주영의 가장 큰 강점이자 성공 비결은 주저하지 않고 부딪치는 과감한 행동력行動力이다. 더욱이 그는 고민만 하는 햄릿Hamlet·셰익스피어 소설의 주인공 같은 스타일이나, 무턱대고 행동하는 돈키호테Don Quixote·세르반테스 소설의 주인공 형型이 아니었다. '행동하면서 생각하고, 생각하면서 행동하는' 파우스트 Faust·괴테 소설의 주인공적 유형이었다.

처음에는 아무래도 해답이 안 보이는 답답한 상황에서 시작하더라도 몸으로 부딪치며 일을 시작했다. 그러면서 끊임없이 궁리해 해결책을 짜내고 '무無'에서 '유有'를 창조했다. 이런 부문에서 정주영의 능력과 열성은 타의 추종을 불허했다. 이런 '산 공부'를 통해 정주영과 현대는 철저하게 강인해졌고, 민족과 인류 앞에 새로운 가치를 창조해냈다.

정주영은 1958년 서울 인왕산 아래 청운동에 지상 2층 양옥으로 지은 집에서 줄곧 살았다. 자택 1층 응접실에는 박정희 대통령이 써준 '청렴근清廉勤'과 '일근천하무난사一勤天下無難事·부지런하면 천하에 어려움이 없다'라는 글귀가 각각 적힌 액자가 걸려 있었다.

"하루 부지런하면 하룻밤을 편히 잠들 수 있고, 1년 2년 10년… 평생을 부지런하게 생활하면 누구나 크나큰 발전을 볼 수 있다. 부지런만 하면 게으른 이보다 몇 십 배의 일을 해낼 수 있고, 몇 백 배 충실한 삶을 살 수 있다."[10]

국내외 기업인들과 구별되는 '정주영만의 독특한 장면'은 새벽 동 트기 전 컴컴할 때 아들들과 함께 걸어서 출근하는 모습이다. 매일 새벽 3~4시 일어난 그는 "왜 이리 해가 안 뜨냐"고 했다고 한다. 오전 5시쯤 동생, 자녀들과 함께 식사하며 그 날의 할 일들을 지시하고, 6시쯤 청운동 자택을 나와 서울 종로구 계동桂洞에 있는 현대그룹 사옥까지 같이 걸어서 출근했다.

"대성의 비결은 일찍 일어나는 것"

정주영은 새벽 출근 소감을 묻는 사람들에게 "항상 소풍 가는 기분으로 출근한다"고 답했다. 골치 아픈 일이 많아도 항상 "잘 될 것"이라는 낙관과 기대를 품고 하루를 시작한다는 얘기다.

그가 만 74세이던 1989년 1월 23일 북한 노동당 서열 4위 허담許錟의 초청으로 방북해 10일간 평양에 체류할 때, 정주영은 고려호텔에 머물며 영하 10℃ 추위에도 새벽 조깅을 했다. 1981년 9월 독일의 바덴바덴에서 서울올림픽 유치활동을 벌일 때도 그는 매일 오전 5시에 일어나 회사 일을 모두 챙긴 다음 오전 6시와 밤 9시또는 10시에 아침 저녁 점검회의를 하는 강행군과 새벽 경영을 펼쳤다.[11]

아찔한 순간도 겪었다. 1973년 조선소 건설을 위해 정주영은 일주일에 절반은 울산에서 잠을 잤는데, 그때 그는 매번 새벽 4시에 숙소를 나와 2시간 동안 현장을 샅샅이 돌아보고 6시에 간부회의를 소집했다. 그런데 그 해 11월 비바람이 사납게 몰아치던 어느 날, 새벽 3시에 잠이 깬 정주영은 지프를 몰고 혼자 시찰을 나섰다가 어둠 속에 바위덩어리에 부딪쳐 수심 12m 바닷물에 빠졌다가 구조된 것이다.

그는 현대그룹의 사훈社訓·근면, 검소, 친애 가운데 '근면'을 첫 번째로 정했을 정도로 '근면'의 힘을 믿었고, 쉼 없이 '근면 예찬론禮讚論'을 폈다.

"대성大成의 비결이 특별히 있는 것이 아니다. 나는 똑같이 10시간 일하는 두 사람이 있다고 할 때, 늦게 자고 늦게 일어나는 사람과 일찍 자고 일찍 일어나는 사람 중에 일찍 자고 일찍 일어나는 사람의 성공률이 높다고 생각한다."[12]

"겨울에도 새벽에 일어나 목욕하고 찬물에 씻는다"

"부지런해야 많이 움직이고, 많이 생각하고, 많이 노력해서 큰 발전을 이룰 수 있다. 부지런함은 자기 인생에 대한 성실성이다. 나는 부지런하지 않은 사람은 일단 신용하지 않는다."

정주영은 "동지섣달에도 새벽에 일어나서 목욕을 하고 반드시 찬물에 씻는다"고 말했다. 일찍 일어나 바쁘게 움직이는 그는 우리나라에서 본격적인 '새벽형 경영자'였다.

"시간이란 소멸되는 것이다. 그러므로 그 죄罪는 나에게 있는 것이니라." 영국 옥스퍼드대의 올 소울즈 칼리지All Souls college의 해시계[日光時計·Sundial]에 새겨진 이 말은 시간의 중요성을 웅변한다. 영원불멸의 세상 진리 가운데서 단지 시간만이 우리들이 자유재량으로 사용할 수 있는 것이다. 그리고 우리가 지니고 있는 수명壽命과 마찬가지로 시간을 한 번 지내보내면 아무리 해도 다시는 돌이켜 두 번 다시 마주할 수 없다.

재산도, 배경도, 학벌도 없던 정주영이 가진 가장 단순하면서도 강력한 무기는 새벽 기상, 즉 부지런함이었다. 하루 24시간이 너무 짧다고 푸념할 정도로 그는 많은 일을 했고, 일을 좋아했다. 미국 언론인 도널드 커크Donald Kirk는 저서 〈한국의 왕조Korean Dynasty〉에서 정주영에 대해 "보통사람보다 10배, 100배의 인생을 살아간 사람"[13]이라고 묘사했는데 매우 적절한 지적이다.

그의 모습을 보면 평생 동안 오전 5시 기상, 밤 10시 취침과 하루 24시간을 빈틈없이 관리했던 벤저민 프랭클린Benjamin Franklin·1706~1790과 지금도 매일 새벽 3시 45분에 일어나 사업 구상을 가다듬는 팀 쿡Tim Cook·1960~ 애플 최고경영자CEO가 떠오른다. 다방면에서 뛰어난 업적을 쌓은 프랭클린의 얼굴은 100달러 미국 지폐에 새겨져 있다. 팀 쿡은 애플을 세계 최고 기업으로 키웠다. 정주영이 한국 최고의 혁신 기업인이 된 것도 두 사람처럼 부지런하고 알차게 시간을 쓴 덕분이다.

현대자동차는 세계 자동차 메이커 가운데 유일하게 오전 6시 30분 출근 전통을 이어왔다. 현대건설 등 현대그룹을 모태母胎로 둔

범汎현대가 기업들 역시 동종 업계 다른 기업보다 출근 시간이 빨라 하루를 더 일찍 시작하는 편이다. 현대자동차의 근면하고 활력 있는 조직 문화가 부러웠던지 이건희 삼성그룹 회장은 1993년 중반 시행한 '삼성 신경영'의 첫 번째로 '7–4제'오전 7시 출근·오후 4시 퇴근를 도입했다. 2012년 7월부터는 임원들에 한 해 오전 6시 30분 새벽 출근을 하도록 했다. 혁신가 정주영에게 끊임없는 자신감과 영감靈感을 불러일으킨 핵심 DNA는 부지런함이었다.

"명랑하고 쾌활하면 반드시 길 열린다"

정주영이 세운 현대조선현재 회사명은 현대중공업은 세계 1위 선박 제조회사로, 세계 시장 점유율 20%에 이르는 '힘센엔진' 같은 세계 1등 제품을 여럿 보유하고 있다. '현대자동차공업사'를 모태로 하는 현대자동차는 영업 이익 기준 세계 5위, 브랜드 가치 기준 세계 6위의 글로벌 기업이 됐다. 1968년 11월 첫 자체 승용차인 '코티나Cortina'를 출시했다가 참패했을 때만 해도 상상도 못하던 대도약이다.

경제평론가 박상하씨는 "1952년부터 1984년까지 정주영이 이룬 기적은 줄잡아 '여섯 개' 된다"고 했다.[14] 하지만 정주영은 손대는 일마다 무조건 척척 되는 마법의 손을 갖고 있지는 않았다. 그렇다고 그가 주술이나 요행에 의지하거나 매달린 것은 더더욱 아니었다. 그의 필살기必殺技·확실히 이기는 기술는 반드시 성공하여 이루겠다는 황소 같은 뚝심과 쾌활하고 명랑한 정신이었다. 정주영은 생전에 이렇게 입버릇처럼 얘기했다.

"나한테는 일단 시작한 일은 무슨 일이 있어도 성공시켜야 한다는 누구도 못 말리는 '왕고집'이 있었고, 반드시 성공한다는 확고한 신념이 있었으며, 신념이 있는 한 멈출 수 없었다."[15]

그는 "모든 일은 마음먹고 계획하기에 달려 있으며, 마음먹었으면 반드시 '전력투구'해야 한다"는 긍정적 사고를 갖고 있었다. 부하들이 겁먹고 우물쭈물할 때마다 정주영은 창의적이고 담대한 아이디어로 물꼬를 열었다. 그는 덮어놓고 무조건 덤벼드는 '무식한 불도저'가 아니었다. 본인의 표현을 따르자면 '생각하는 불도저'였다. 공포스러운 위기危機를 성장과 도약의 기회機會로 역전시킨 몇 가지 멋진 사례가 있다.

첫 번째는 한국전쟁 중이던 1952년 1월, 정주영이 세운 초창기 현대건설이 미美 8군 발주공사로 기반을 막 다지려 하던 무렵이었다. 아이젠하워Dwight Eisenhower 미국 대통령 당선자가 대통령 취임 직전 잠시 한국 방문을 앞두고, 대통령 일행의 숙소인 서울 운현궁에 수세식 화장실을 설치하는 것이었다. 당시 한국 건설사들은 양변기 공사를 해본 적이 없었다. 양변기는 물론 보일러 난방 설치, 내부 단장까지 다 해야 했지만 주어진 공기工期 일정은 딱 15일이었다. 공사를 기일 내에 마치면 공사비의 두 배를 받고, 못 마치면 현대건설이 미군에 두 배의 벌금을 내야 한다는 조건이었다.

그때까지 현대건설 임직원 어느 누구도 양변기를 구경조차 해본 적이 없었지만, 정주영은 약속 기한 사흘 전에 모든 공사를 끝냈다. 아이젠하워 방한 기간 중 아무런 문제도 생기지 않았다. 미 8군에선 '현다이 넘버 원Hyundai Number One!'이란 칭찬이 터져 나왔다.

그러자 또 다른 도전적인 공사工事가 정주영을 기다리고 있었다. 부산의 유엔군 묘지 단장 공사였다. "무슨 수를 써서라도 한겨울이지만 묘지를 파랗게 단장해 달라"고 미군측은 주문해 왔다. 더구나 각국 유엔 사절이 닷새 후에 참배할 계획이므로 그 안에 공사를 모두 마쳐야 한다는 것이었다. 정주영의 머리는 바쁘게 굴러갔다. 그는 아이디어 값을 포함해 공사비를 실제보다 세 배 이상 달라고 요구했다. 미 8군으로선 워낙 급한 사안이었기 때문에 세 배가 아니라 열 배의 공사비라도 주고 묘지를 단장해야 했다.

이렇게 해서 정주영은 실제 공사비의 세 배를 받고 부산의 유엔군 묘지 단장 공사를 따냈다. 이번에도 대성공이었다. 방법은 잔디 대신에 한겨울에 파랗게 올라온 보리[麥]를 떠서 입힌 것이다. 정주영은 매제妹弟 김영주를 시켜 트럭 30대를 끌어 모은 다음, 낙동강 일대 벌판에 있는 보리밭을 통째로 사서 파란 보리 포기들을 모두 떠서 묘지에 입혔다. 공사를 멋지게 마치자 미 8군 관계자들은 눈을 휘둥그레 뜨며 "원더풀, 원더풀! 굿 아이디어!"를 외쳤다.[16]

두 건을 잇따라 성공시킨 후 주한미군 발주가 쏟아져 들어와 현대건설은 사세社勢를 빠르게 키웠다. 정주영의 승리는 쾌활함과 긍정, 부지런함이 어우러져 이뤄낸 합작품이다. 명랑하고 쾌활하게 열심히 일할 때 자신감이 샘솟고 닫힌 길도 열리는 것이다.

'혁신의 백미'…정주영 공법과 주베일항 공사

두 번째는 1976년 2월 정주영이 사우디아라비아 주베일 산업항産業港 입찰에 뛰어들어 9개 선진국 기업을 물리치고 일감을 따냈을 때다. 일감 수주부터 기적이었다. 공사 금액 9억3천만 달러는 당시 환율로 4600억원인데, 우리나라 그 해 예산의 절반에 해당하는 액수였다. 이 공사는 콘크리트 소요량만 5톤 트럭으로 연20만대 분이 필요하고, 철강자재는 1만톤짜리 선박 12척이 필요한 엄청난 규모였다. 게다가 정주영은 사우디아라비아 정부가 내건 42개월의 공사 기간을 무조건 6개월 단축하겠다고 공개 약속한 상태였다.

그 해 7월 공사에 착공했지만 작업 난이도가 높은 데다 이 분야 공사 경험이 전무한 현대로선 진척 속도를 낼 수 없었다. 발주처와 감독관청은 사사건건 트집 잡았다. 장비를 빌려준 브라운&루트사는 하루 2천만원씩 사용료로 받으며 지연작전을 폈다. 현대의 기술력이 의심스런 마당에 가만히 앉아 있어도 돈을 벌 수 있으니 서두를 이유가 없었다.

'시간이 돈'인 상황에서 정주영은 "모든 자재를 한국에서 만들어 송출한다"고 선언했다. 울산조선소에서 모든 기자재를 만들어 세계 최대 태풍권인 필리핀 해양을 지나 동남아와 인도양을 거쳐 걸프 만까지 대형 바지선으로 운반하는 것을 해결책으로 제시한 것이다. 그런데 울산에서 주베일까지는 총 1만2천km로 경부고속도로를 왕복 15번 운항해야 하는 거리다. 모두가 성공 가능성에 회의적이었다. 대형 해상보험을 들어야 한다는 목소리도 나왔다.

정주영은 그러나 보험 가입을 거부하고 태풍으로 사고가 나도 철 구조물이 바다 위에 떠 있도록 하는 공법을 구상했다. 또 울산조선소에 지시해 주야晝夜로 작업해 1만 마력의 터그보트 3척, 대형 1만5800톤급 바지선 3척, 5천톤급 바지선 3척을 최단시일에 만들도록 했다.

오일쇼크로 선박 건조 일거리가 없던 울산조선소는 주베일 산업항에 들어갈 기자재를 만드느라 분주해졌다. 이렇게 만든 기자재를 바지선이 평균 한 달에 1번씩 총 19번 운항했는데 딱 2번의 가벼운 사고만 있었다. 주베일 현장 공사팀은 수심 30m에서 중량 500톤이 넘는 해상 자켓을 5cm 이내의 오차로 완벽하게 끼워 넣는데 성공했다. 공사는 계약 기간보다 10개월 앞당긴 32개월 만에 모두 마쳤다.[17]

7년 후 정주영은 다른 기적에 도전했다. 1983년 말 충남 서산에 대규모 간척지 조성을 마무리하던 때였다. 정주영은 마지막 남은 A지구 물막이 공사를 앞두고 진퇴양난進退兩難에 빠졌다. 총 6400m에 이르는 방조제 가운데 270m를 남겨 놓고 공사가 중단됐기 때문이다. 홍수 등으로 위험 수위 때 한강 유속流速이 초속 6m인데, 이곳의 유속은 초속 8m로 승용차만한 바윗덩어리를 던져 넣어도 금세 물살에 쓸려 내려가 흔적조차 찾을 수 없었다. 유속이 워낙 빨라 A지구 공사를 더 이상 할 수 없는 상황이었다.

"시련은 나를 굳세고 현명하게 만들어주는 선물"

정주영은 고심을 거듭했다. 이번에도 시간을 끌수록 돈과 인력이 낭비되고 있었다. 어느 순간 묘수가 번쩍 떠올랐다. 해체해서 고철로 쓰려고 30억원에 사다가 울산에 정박해 놓고 있던 노후된 스웨덴 유조선 '워터베이호號'를 끌어와 가라앉혀 물줄기를 막자는 것이었다. 즉시 현대중공업, 현대정공, 현대상선 기술진에게 폭 45m, 높이 27m, 길이 322m의 23만톤급 고철 유조선을 물막이 공사 구간에 가라앉힐 수 있는 방법을 연구토록 했다.

이 아이디어도 적중했다. 낡은 유조선을 바다에 가라앉힘으로써 남은 물막이 공사를 완성해 1억5537만m²약 4700만 평의 땅이 새 국토 면적으로 추가됐다. 이는 서울 여의도 전체의 33배에 달했다. 290억원의 공사비도 절약할 수 있었다. '정주영 공법'으로 불린 이

공법工法은 〈뉴스위크Newsweek〉와 〈타임TIME〉지에 소개돼 세계 각국의 찬사를 받았다.[18]

정주영은 이처럼 예상 못한 상황이 벌어져도 놀라거나 움츠러들지 않았다. 그는 '처변불경處變不驚·처지가 변해도 놀라지 않는다'의 달인達人이었다. 그때마다 번득이는 아이디어로 활로를 열었다. 그가 내린 처방은 신기하게 모두 적중했다. 일을 달성할 수 있는 무한한 능력이 자신에게 있다는 사실을 강하게 믿었던 그는 이렇게 말했다.

"나는 어떤 일을 시작하든 '반드시 된다'는 확신 90%에 '반드시 되게 할 수 있다'는 자신감 10%로 완벽한 100%를 채우지, 안 될 수도 있다는 회의나 불안은 단 1%도 끼워 넣지 않는다."[19]

물론 정주영도 크고 작은 실패를 겪었다. 1953년 4월부터 55년 5월까지 진행한 대구~거창 간 고령교高靈橋 복구공사가 대표적 사례이다. 정주영은 계약 공기工期보다 2개월 늦게 고령교를 간신히 완공했으나 온 가족이 큰 빚을 졌을 정도로 쓰라린 실패였다. 1965년 9월 국내 건설사 가운데 해외 진출 1호로 태국 파타니 나라티왓 고속도로 공사를 수주했지만 경험 부족과 낙후된 기술, 폭우와 나쁜 토질 등으로 곤욕을 치렀다. '코티나' 승용차에 대해서는 냉랭한 반응 일색이었다.

그러나 정주영은 좌절하지 않았다. 고령교와 태국 고속도로의 경우 재무적 손실이 컸지만 확실한 '신용'을 국내외에 뿌리내리는 결정적 전기轉機가 되있다. 코니타의 부진을 통해 정주영은 기술개발의 필요성을 한층 절감했다. 부정적인 일들을 성공을 위해 꼭 필요한 '수업료' 정도로 여긴 것이다. 정주영은 "살아가면서 항상 모든 '그때그때'에 어떻게 대처하느냐가 일생을 좌우한다"며 '유지자사경성有志者事竟成'을 마음의 좌표로 삼았다. '뜻이 강하고 굳은 사람은 어떤 난관에 봉착해도 기어코 자신이 마음먹은 일을 성취한다'는 의미다.

"누구에게나 인생에서 몇 차례 호된 시련은 있게 마련이다. 그럴 때에 좌절해서는 안 되고 긍정적으로 생각해야 한다. 시련은 우리를 보다 굳세고 현명하게 성장시킨다."[20]

'500원짜리 지폐 거북선'으로 설득

대한조선공사가 건조한 1만7천톤급 선박이 국내에서 가장 큰 배였던 1970년대 초반, 아무런 경험과 기술 없이 26만톤급 초대형 선박을 만드는 조선소를 짓는다는 정주영의 계획은 누가 봐도 무모했다. 하지만 그는 '무한 긍정'과 '개척 정신'으로 차근차근 계획을 현실화시켰다.

1971년 자금 조달차 영국 바클레이 은행과 4천300만 달러 차관 도입을 협의했으나 바클레이 측의 최종 답변은 '노No'였다. 그러나 정주영은 포기 않고 1971년 9월 세계적인 선박 컨설팅 기업인

A&P애플도어Appledore의 찰스 롱바톰 회장을 찾아갔다. 그는 바클레이 은행에 영향력을 행사할 수 있는 거물이었다. 롱바톰이 차관 상환 능력을 의심하며 고개를 가로젓자, 정주영은 500원짜리 지폐1973년 한국은행에서 발행해 1982년 500원이 동전으로 바뀌기 전까지 사용. 전면에 이순신 초상과 거북선 그림이 있다 한 장을 꺼내 보였다. 그는 "한국은 16세기에 철갑선을 만들었다. 영국보다 300년이나 빠르다"며 롱바톰을 끈질기게 설득했다. 결국 롱바톰은 현대가 대형 조선소를 지어 독자적으로 경쟁력 있는 선박을 건조할 수 있다는 추천서를 바클레이 은행에 써줬다.

이어 영국수출신용보증국ECGD의 차관 제공 승인을 얻기 위해 정주영은 다시 뛰어야 했다. 울산 미포만의 백사장 사진과 유조선 설계도면, 축적 5만분의 1 지도를 들고 그리스의 거물 해운업자 리바노스Livanos를 찾아가 설득한 끝에 26만톤급 선박 2척을 수주했다.

2016년 6월 현대중공업 울산 본사에 다시 온 리바노스는 오찬 자리에서 "40여 년 전 나를 찾아와 '반드시 좋은 배를 만들어내겠다'고 한 정주영 창업자의 모습을 또렷하게 기억한다. 자신감 넘치는 모습이 내 마음을 움직였고, 그는 최고의 선박으로 약속을 지켰다"고 회상했다.[21]

울산조선소는 2년 3개월 후인 1974년 6월 28일 준공됐다. 그런데 이날 조선소 완공과 동시에 건조한 초대형 선박 두 척을 바다에 띄우는 사상 초유의 기록을 세웠다. 당시 배를 인수하러 방한했던 리바노스는 "내가 이제껏 봐온 배들 가운데 가장 잘 만들었다"며 칭찬을 아끼지 않았다. 그 날은 한국이 조선 세계 1위 국가로 도약하는 시발점이 된 날이었다.[22]

고정 관념 깨고 '돈의 노예' 되길 거부

정주영의 사고방식은 남다르다. 그는 "방법은 찾으면 나오게 되어 있다. 방법이 없다는 것은 방법을 찾으려는 생각을 안 했기 때문이다"라고 말했다. 특히 '고정 관념의 노예'가 되는 걸 거부했다.

"나는 상식에 얽매인 고정 관념의 테두리 속에 갇힌 사람으로부터는 아무런 창의력도 기대할 수 없다고 생각한다. 내가 믿는 것은 '하고자 하는 굳센 의지'를 가졌을 때 발휘되는 무한한 잠재 능력과 창의성, 그리고 뜻을 모았을 때 분출되는 엄청난 에너지이다."[23]

정주영은 〈논어〉의 학정學政 편에 나오는 '군자불기君子不器'라는 말을 좋아했다. '군자란 한 그릇에만 머물러서는 안 되고 어떤 그릇도 되어야 한다'는 뜻인데, 수시로 세모꼴이나 네모꼴이 되어 어떤 자리에 놓여도 그 책무를 잘 수행할 수 있는 능력의 소유자여야 한다는 얘기다. 그래야만 자기가 잘 아는 한 분야의 고정 관념에 빠지지 않고 위기나 난관을 거뜬히 이겨낼 수 있다는 것이다.

정주영은 86년에 걸친 생애를 어떻게 자평했을까? 그는 1997년 세밑에 쓴 자서전 〈이 땅에 태어나서〉의 서문序文인 '글을 시작하며'에서 이렇게 밝혔다.

"내가 성공한 사람 가운데 하나라고 한다면, 나는 신념의 바탕 위에 최선을 다한 노력을 쏟아 부으며 이 '평등하게 주어진 자본금'을 열심히 잘 활용했던 사람 중의 한 사람일 뿐이다."

'누구에게나 평등하게 주어진 자본금'이라고 그가 지칭한 것은 다름 아닌 '시간'이다. 정주영은 스스로를 시간과의 싸움에서 이겼기에 인생에서도 성공했다고 여겼다. "인생의 성공 혹은 실패를 잡고 있는 것은 시간과 행동이라고 생각한다"는 말이 그의 생각을 보여준다.

"나에게 가장 큰 의미가 있는 것은 언제나 내 앞에 놓여 있는, 내가 쓸 수 있는 '시간'이었다. 나에게 주어진 시간을 어떻게, 무슨 일로 얼마만큼 알차게 활용해서 이번에는 어떤 '발전과 성장'을 이룰 것인가 이외에는 실상 내가 관심을 가진 것은 별로 없었다. 나는 나에게 주어진 시간이라는 자본을 꽤 잘 요리한 사람이라고 할 수 있다. 나이 대신 '시간'만이 있었던 일생이었다고 해도 과언은 아니다."[24]

그러면서 정주영은 개인도, 기업도 쉬지 않고 나아지려는 '향상심向上心'을 가져야 한다고 강조했다.

"매일 매일이 발전 그 자체라야 한다. 어제와 같은 오늘, 오늘과 같은 내일은 정지가 아니라 후퇴라는 것을 알아야 한다. 한 걸음 두 걸음씩이라도 우리는 매일 발전해야 한다. 그렇지 않으면 추월당하고, 추월당하다가는 아예 추락하게 되고, 그 추락은 중간에 세울 수도 비끄러맬 수도 없다."

"기업에 있어 제자리걸음은 후퇴와 마찬가지다. 우물쭈물하다가 기선機先을 놓치면 모두 다 기득권을 가진 사람들한테 분할되고 조정된 시장에서 부스러기나 주워 먹을 수밖에 없다. 어렵다고 주저앉아 쉬운 일만 한다면 회사 발전은 포기해야 하고, 각 기업이 그런 식이면 국가의 발전도 희망이 없다."**25**

한국 스피드 경영의 원조된 '공기 단축'

그래서 그는 '적당히'라는 적당주의를 배격하고 현장을 누구보다 열심히 찾았다. 현장 순시를 한 가장 큰 목적은 '시간 낭비'를 못하도록 감독하고 채찍질하기 위함이었다. 그의 말을 빌자면 '현장 저승사자' 노릇을 한 것이다. 그러면서 '공기 단축工期 短縮'을 모든 공사 현장에서 최고의 목표로 내걸었다.

"수많은 일을 하면서 나의 명제는 언제나 '공기 단축' 네 글자였고, 나를 가장 답답하게 하는 것은 항상 간단히 개선할 방법이 있는 데도 고정 관념에 갇혀 예전 방식대로 아까운 시간과 돈을 낭비하는 이들이었다."

단양시멘트 공장과 경부고속도로 건설, 울산조선소 건설, 1호 선박 제조 등…. 그는 온 힘을 다해 공기 단축을 이뤄냈다. 공기 단축에 집착한 이유는 뭘까? 공기 단축 하나 만으로 '일석삼사조ー 石三四鳥'의 긍정적인 효과를 얻을 수 있기 때문이다.

먼저 압축적이고 집중적인 일처리로 비용을 절약한다. 짧은 시간에 모든 임직원이 총력을 쏟다보니 회사 전체가 긴장감을 갖고 결재와 보고, 결정 등에 누수를 극소화한다. 또 고객^{발주처}에게 기대 이상의 만족을 줌으로써 신뢰도를 높이고 다음 번 수주시 유리해진다. 공기 단축 후 임직원들이 '우리도 할 수 있다'는 자신감으로 재무장해 회사 발전의 선순환 구조가 정착된다. 마지막으로, 기업 이미지와 존재감을 높이고 국가 전체에도 긍정적인 분위기를 제공한다.

이처럼 많은 장점을 가진 '공기 단축'은 다른 기업들로도 급속도로 확산됐다. 이는 대한민국 제조업과 한국인의 상징이 된 '빨리빨리 문화'로 승화되었다. 정주영이 방아쇠를 당기며 모범을 보인 '공기 단축'은 1970~80년대 우리나라 압축 성장을 견인했다. 나아가 2000년대 들어 한국 기업문화의 표상이 된 '스피드 경영'으로 이어졌다.

정주영은 "선진국이 걸어갈 때 우리는 달리지 않으면 안 된다"

고 강조했다. 그러면서 '시간 단축', '공기 단축'을 앞장서서 외쳤다. 그럼으로써 현대그룹과 한국의 기업문화를 혁신했다. 정주영은 한국식 빨리빨리 스피드 경영의 원조元祖이다.

"진짜 부자는 자신의 뜻을 이루는 사람"

"회장님께서는 지금 주머니에 돈을 얼마나 가지고 계신지 궁금합니다. 또 회장님에 대해 대단히 씀씀이가 큰 분이라는 소문이 있는가 하면 반대로 대단한 구두쇠라는 소문이 있습니다. 어떤 것이 진짜인지 궁금합니다."

1980년대 중반, 부산의 모 대학에서 정주영 회장의 강연이 끝나자 한 학생이 던진 질문이었다. 정주영은 이렇게 대답했다.

"세어보지는 않았지만 내 주머니에는 몇 만원쯤은 있는 것 같고, 두 번째 질문에 대한 답은 내가 큰 손이라는 말과 구두쇠라는 말 두 가지가 다 맞는 말인 것 같습니다."

그의 답변에 실망한 듯 학생들 사이에서 웅성거리는 소리가 들렸다.[26] 하지만 정주영이 한 말은 모두 사실이었다. 그는 사치를 좋아하는 사람이 스스로 부끄럽게 생각할 정도로 무섭게 절약하는 근검인勤儉人이었다.

"열아홉 살 때부터 객지로 나온 나는 아무리 추운 겨울에도 장작값 10전을 아끼기 위해 저녁 한때만 불을 지펴 이튿날 아침과 점심 도시락까지 한꺼번에 밥을 지으면서 덤으로 구들장도 불기를 쏘여 냉기를 가시게 했다."[27]

그는 평생 담배를 피우지 않았다. 이유는 배가 부른 것도 아닌데 연기로 날려버리는 돈이 아까워서다. 쌀 배달꾼 시절에는 전찻삯 5전을 아끼려고 새벽 일찍 일어나 걸어 출퇴근했다. 구두가 닳는 것을 늦추려고 징을 박아 신고 다녔다. 춘추복 한 벌로 겨울에는 양복 안에 내의를 입고 지냈고, 봄가을에는 그냥 입으며 지냈다. 신문은 항상 일터에 나가 그곳에 배달된 것을 봤다. 쌀 한 가마 값의 월급을 받으면 무조건 반을 떼어 저축하고, 명절 때 받는 떡값은 무조건 모두 저축했다.

가까운 거리에서 15년 동안 정주영을 수행했던 박정웅 전前 전국경제인연합회 국제 담당 상무는 "정주영은 국가수반과의 회합이나 연회 등 국내외 중요한 자리에서도 말쑥해 보이는 새 옷을 입는 경우는 거의 없었고, 늘 수수한 분위기의 입던 옷을 입었다"고 했다.

추운 겨울에는 부인변중석 여사이 손수 굵은 털실로 뜬 것으로 알려진 초록색 털실로 짠 조끼를 늘 입었는데 소박하다 못해 투박한 느낌이 드는 것이었다고 한다. 구두도 한 켤레를 사면 뒤축을 갈아가며 십 년 이상 신는다. 정주영은 자서전에서 "가난 구제는 나라도 못한다. 열심히 일하면서 근검절약만 해도 큰 부자는 못 되어도 작은 부자는 될 수 있다"며 "다소 여유가 있어도 전혀 여유가 없다

고 생각하고 근검절약하기를 권고한다"고 했다.[28]

그렇지만 써야 할 때면 배포 있게 크게 돈을 썼다. 1980년대 초, 당시 류기정柳琦諪 중소기업중앙회장이 중소기업중앙회관을 짓기 위해 정주영을 찾아가 이렇게 하소연했다.

"이번에 우리도 대한상공회의소 회관 같은 수준의 회관을 꼭 갖고자 하는데, 우리는 평당 120만원 이하짜리밖에 지을 수 없습니다."

당시 시세로 평당 건설비가 200만원 수준이었는데 시설은 좋게 하되 건설비용을 대폭 낮춰달라는 부탁이었다. 정주영은 두 말 않고 그 자리에서 "좋아! 해주지"라며 수락했다. 그것도 부탁한 평당 120만원에서 5만원을 더 깎은 평당 115만원으로 낮춰줬다. 중소기업중앙회는 거의 절반 가격으로 큰 건물을 얻을 수 있었다.[29]

정주영의 평소 검소함은 무엇을 보여주는 걸까? 그는 충분한 능력이 있음에도 절제하고 있었던 것이다. 〈손자병법〉이 얘기하는 "능하면서도 능하지 못한 것으로 보이기도 하는能而示之不能" 능수능란한 리더가 정주영이었다.

인생의 진수는 '최선 다할 때의 성취감'

쓰지도 않고 베풀지도 않는 '자린고비'는 졸부猝富이다. 하지만 정주영은 꼭 써야 할 곳과 공적公的인 분야, 그리고 남을 돕는 데는 큰 손으로 배포 있게 썼다. 그는 자신에겐 엄격하고[持己秋霜] 남에게는 너그러운[待人春風] 후덕한 부자였다. 이것은 정주영의 행복관幸福觀이 여느 부자나 재벌 총수와 달랐기 때문이다. 그는 "내 호주머니에 들어 있는 돈 만이 내 돈이다. 의식주 해결 이상의 것은 자기 소유가 아니다. 자신이 뜻한 바의 성취가 부富의 성취이지 꼭 재물만이 부의 척도인 것은 아니다"고 했다.

돈 많은 부자가 꼭 행복한 것은 아니며, 자신이 뜻하는 바를 이루는 사람이 진짜 부자이고 행복하다는 얘기이다. 정주영은 말했다. "어떤 환경에서, 어떤 위치에서 무슨 일을 하든 최선을 다해 주어진 일을 전심전력全心全力으로 이뤄내며 현재를 충실히 사는 사람이 행복하다." 그러면서 그는 "고된 막노동을 하거나 몹시 바쁘거나 열패감과 모욕감으로 힘든 순간도 있었지만, 나는 언제나 행복한 마음으로 활기차게 살아왔다"고 회고했다.

많은 재산을 모은 뒤 쾌락을 위해 흥청망청 쓰거나 관리하느라, 또는 주변과 다투느라 귀한 시간과 정력을 낭비하는 사람이 세상에 무수히 많다. 이른바 재물돈의 노예가 된 사람들이다. 그러나 정주영은 돈에 구애받지 않았다. 돈은 수단이라고 보고, 돈보다 더 중요한 '최선을 다하는 마음'과 '성취감'에서 인생의 진수眞髓를 만끽했다. 정주영의 무욕無慾은 그의 80년 생애를 불필요한 일로 허비하거나 지치지 않게 하고, 새 마음과 새 영혼으로 거듭나게 만드는 '신비의 묘약'이었다.

직원들과 모래사장서 씨름하며 동류의식

"여러분께서는 저를 세계 수준의 대기업을 경영하는 자본가라고 평가할지 모르지만, 저는 단지 노동을 해서 재화를 생산해내는 '부유한 노동자'일 뿐입니다."[30]

정주영이 1982년 미국 조지워싱턴 대에서 명예경영학박사 학위수여 기념연설에서 한 말이다. '부유한 노동자'는 그의 생활 방식과 기업관을 응축한다. "직책이 높다고 거드름을 피울 것도, 낮다고 위축될 것도 없다"는 소신을 갖고 있던 그는 스스로를 '뇌동자'노동자의 사투리 표현라고 발음하며 자랑스러워했다.

그는 직원들과 노동자 의식을 공유하고 공감하는데 뛰어났다. 현대건설 사장 시절에는 신입사원들과 함께 영화 관람을 하고, 저녁을 먹고, 대화를 나누었다. 밤새워 술 마시기 내기를 한 적도 있었다. 강원도 경포대 등에서 여름철 수련대회가 열릴 때는 모래사장에서 직원들과 샅바를 부여잡고 씨름을 했다. 직원들과 어깨동무한 채 쩌렁쩌렁하게 '쨍하고 해뜰날', '이거야 정말' 같은 18번곡을 불러댔다. 그는 누구에게 보여주기 위해서가 아니라 진심으로 이들과 어울렸다. "젊은 직원들과 노래하면서 함께 어울릴 때가 가장 행복하다"는 그의 고백이 이를 뒷받침한다.

하지만 작업 현장과 사무실에서는 부하들에게 최선의 자세로 업무에 임할 것을 주문했다. 평상시 회의를 주재할 때 그냥 어물쩍 넘어가는 법이 없고, 현안에 대해 누구보다 집요했다. 통이 컸지만 일에는 매우 세심했다. "어렵다", "불가능"이라는 얘기가 나오면 표정이 금세 굳어졌다. 그리곤 "이봐, 해봤어?", "직접 가봤어?"란 말이 쏟아졌다. 중도에 단념하고 도전조차 않는데 대한 추궁이자 질책이었다.

1958년 현대건설에서 공채公採 제도를 도입한 정주영은 싹수가 보이는 직원일수록 대장간 무쇠 벼르듯 혹독하게 훈련시켰다. 친자녀 이상으로 뜨거운 애정을 쏟되 일은 확실하게 가르쳤다. 이들 가운데 상당수는 정주영을 '회장님'이 아닌 '아버님'으로 부르며 따랐다.[31] 이명박 대통령을 비롯한 많은 인재들이 '정주영 사관학교'에서 배출됐다.

정주영은 1996년 노벨 경제학상 후보로 추천됐다. 스웨덴의 국회의원과 경제학자 등 6명이 한림원에 경제학상 후보로 그를 추천했다.

그 해 노벨 경제학상 수상자는 영국과 미국 교수가 공동 수상했으나, 정주영이 후보로 추천된 것만으로도 큰 영예였다. 한국인이 노벨 경제학상 후보로 추천된 건 여태 그가 유일하다. 노벨 경제학상 후보 추천장에 적힌 정주영의 공적사항은 간단하다.

'맨손으로 세계 굴지의 기업을 이룩한 주인공으로, 한국의 경제 부흥에 크게 이바지했다.'

경제학설이나 이론과는 거리가 멀었지만 정주영의 혁신과 행동력을 세계가 인정한 것이다. 그의 기업가로서 생애와 성취는 '경영의 신神'으로 불리는 마쓰시타 고노스케松下幸之助·1894~1989 파나소닉 창업자에 비견된다.[32]

가난한 집안에서 태어나 초등학교도 못 마친 채 자전거 가게 점원과 시멘트 회사 운반원 등을 하다가 창업한 마쓰시타와 정주영은 많이 닮았기 때문이다. 마쓰시타는 경영자의 자기 성찰을 강조하면서 PHPPeace and Happiness through Prosperity·번영을 통한 평화와 행복을 운동이란 사상 계몽 캠페인도 벌였다.

담담하게 치열하게 '자기 한계'에 도전하라

정주영도 비슷한 정신적 기둥을 품고 있다. '담담淡淡한 마음'이라는 좌우명이다. 1977년 사우디아라비아 주베일 산업항 공사 현장에 그가 세운 '담담한 마음' 탑에는 '淡淡한 마음을 가집시다. 淡淡한 마음은 당신을 굳세고 바르고 총명하게 만들 것입니다'라고 적혀 있다.

'담담한 마음'은 정주영의 마음 수련법이다. 그는 '담담'이란 두 글자를 꼭 한자漢字로 썼다. '물 수水' 변에 '불 화火' 자가 두 개 들어 있는 '맑을 淡담'이라는 글자는 불처럼 타오르는 성깔을 물로 가라앉히려는 과정에서의 극기를 의미한다. 색깔로는 맑고 연하고, 맛으로는 싱거운 상태이다. 그가 집무실에 액자로 걸어두었던 '달관達觀'이라는 글자와도 통한다.

정주영은 '담담한 마음'에 대해 "모든 것을 받아들이려는 빈 마음이며, 조용한 가운데 치열하게 자기 한계에 도전하는 마음"이라고 풀이했다. 담담한 마음을 가지면 태도가 의연해지고 당당해진다고 했다. 이를 추구한 정주영의 모습에서 구도자求道者의 자세가 엿보인다. 정주영은 "'담담한 마음'은 도리를 알고 가치를 아는 마음이며 융통자재의 평상심을 잃지 않는 것"이라고 했다. 그가 숱한 시련을 겪으면서도 용기를 잃지 않았던 배경인 것이다.[33]

'정주영 식式 혁신'의 위대함과 가치가 여기에 있다. 성공을 하거나 시련을 이겨내기 위해 무리수나 편법을 쓰지 않고 본연의 평정 상태인 '담담한 마음'에 충실했다는 사실이다. 그가 72세 때 현대 그룹 사보社報 〈현대사우〉 1986년 7월호에 기고한 '행복한 생애의 길'의 일부이다.

"성공은 분투 노력만으로 되는 것이 아니라 성공의 법칙을 따라야 한다. 바른 마음으로 할 일을 생각하고, 바른 마음으로 나날의 일을 실행하면 반드시 정상에 다다를 것이다. 부지런해야 한다. 淡淡담담한 마음을 가집시다."

주석&
참고문헌

주석

손정의

1. 손정의, 손정의의 '자기가 원하는 인생' 특강, 지금 너에게 가장 필요한 것은—소프트뱅크 신규 채용 라이브 편찬위원회 엮음 (2013) p.62
2. 손정의, 나는 거대한 꿈을 꿨다—소프트뱅크 공인 손정의 평전 (2012) p.98
3. "The World's Billionaires 2019" The Forbes (2019. 3. 25)
4. SoftBank Group, Annual Report 2019 p.209
5. 손정의 미래를 말하다—소프트뱅크 신30년 비전 (2011) p.107
6. 같은 책, pp.178~179
7. 손정의(2012) pp.21~22
8. 손정의(2013) pp.82~83
9. 손정의(2012) p.22
10. 손정의(2011) p.109
11. 松本幸夫, 坂本龍馬になりたかった男 : 信念の人 孫正義の半生 (2000) pp.49~53
12. 손정의(2013) pp.102~103
13. 같은 책, pp.86~87
14. 손정의(2012) p.49
15. 손정의(2013) p.47
16. 같은 책, pp.108~109
17. 같은 책, p.119
18. 시마 사토시, 孫正義の参謀, 손정의 참모 (2016) p.84, 90
19. 스기모토 다카시, 손정의 300년 왕국의 야망 (2018) p.38
20. 손정의(2012) p.37

21. 스기모토 다카시(2018) p.60

22. "退任撤回, ARM 買收, 孫正義 '本音を話そう'" 日經ビジネス(2016. 8. 8~8. 15, 合併) pp.10~15

23. "앞으로 30년, 200조원짜리 꿈…'컴퓨터 超지성 시대'를 준비하다" 조선일보 (2017. 4. 29)

24. 손정의(2012) p.36

25. 이상민, 손정의처럼 생각하고 승리하라 (2018) p.251

26. 손정의(2012) p.108

27. 손정의(2013) pp.39~40

28. 같은 책, p.40

29. 조선일보 (2017. 4. 29)

30. 손정의(2013) pp.76~77

31. 이타가키 에이켄, 손정의 제곱법칙 (2015) pp.60~61

32. 손정의(2011) p.188

33. 스기모토 다카시(2018) pp.178~179

34. "孫正義氏の渴望と後悔" 日經ビジネス (2019. 10. 7) p.27

35. 日經ビジネス (2019. 10. 7) pp.27~28

36. 조선일보 (2017. 4. 29)

37. 손정의(2013) pp.99~100

38. 三木雄信, 孫正義「リスク」を「成功」に変える28のルール (2014)

39. 손정의(2013) p.19

트럼프

1. "Disruptor-in-chief Trump bulldozes into NATO gathering", https://www.politico.com/news/2019/12/03/donald-trump-nato-meeting-074873

2. Donald Trump, Crippled America- How to Make America Great Again, 불구가 된 미국 (2016) p.170

3. 트럼프의 트위터 사용 전모에 대해서는 http://www.trumptwitterarchive.com/ 참조

4. "How Trump Reshaped the Presidency in Over 11,000 Tweets" The New

York Times (2019. 11. 2)

5. 트럼프, 불구가 된 미국(2016) pp.81~82

6. Donald Trump, Time to Get Tough, 트럼프, 강한 미국을 꿈꾸다 (2017) pp.222~238

7. Donald Trump, Think like a Champion, 최선을 다한다 하지 말고 반드시 해내겠다 말하라 (2010) p.139

8. 정재호 서울대 교수 인터뷰 (2019. 10. 8)

9. 트럼프, 강한 미국을 꿈꾸다 (2017) pp.7~8

10. 같은 책, pp.48~49

11. 같은 책, pp.8~9

12. 같은 책, p.10

13. 같은 책, pp.12~13

14. 대표적으로 Bandy X. Lee et al., eds., The Dangerous Case of Donald Trump, 도널드 트럼프라는 위험한 사례 (2017)

15. Aron James, Assholes : A Theory of Donald Trump, 또라이 트럼프 (2016) p.48

16. 트럼프, 강한 미국을 꿈꾸다 (2017) p.17

17. https://www.realclearpolitics.com/epolls/other/president_trump_job_approval-6179.html

18. Donald Trump, The Art of the Deal, 거래의 기술 (2016) p.100

19. Donald Trump, How to Get Rich, 트럼프의 부자되는 법 (2004) pp.111~112

20. 트럼프, 최선을 다한다 하지 말고 반드시 해내겠다 말하라 (2010) p.45

21. 같은 책, p.121

22. 같은 책, p.42, 120

23. 같은 책, p.117

24. 같은 책, pp.118~119

25. 트럼프의 부자되는 법 (2004) pp.104~107

26. 트럼프의 첫 저작 제목 'The Art of the Deal'은 손자병법의 영문 제목 'The Art of War'을 염두에 두고 붙여졌다는 해석도 있다.

27. 트럼프, 최선을 다한다 하지 말고 반드시 해내겠다 말하라 (2010) p.130

28. 2012년 7월 17일 오전 8시 4분 트위터에서는 "최고의 전쟁술은 싸우지 않고 적을 제압하는 것이다—손자(The Supreme Art of War is to subdue the enemy without

fighting.-Sun Tzu)"라고 썼다.

29. George Ross, Trump-style negotiation : powerful strategies and tactics for mastering, 트럼프처럼 협상하라 (2008) p.41
30. Donald Trump, TRUMP 101 : The Way to Success, CEO 트럼프 성공을 품다 (2007) p.165
31. 같은 책, pp.167~168
32. 김창준, 트럼프 대통령에 대비하라 (2016) p.21
33. 트럼프, 불구가 된 미국 (2016) p.52
34. 트럼프, 거래의 기술 (2016) p.81
35. 같은 책, p.100
36. 같은 책, p.266
37. 金成隆一, 르포 트럼프 왕국-어째서 트럼프인가 (2017) pp.310~311
38. 트럼프, 거래의 기술 (2016) p.84
39. 같은 책, p.99
40. 안세영, 도널드 트럼프와 어떻게 협상할 것인가 (2017) p.46
41. Donald Trump, Think Big and Kick Ass in Business and Life, 빅씽킹 (2016) pp.318~319
42. 트럼프, 거래의 기술 (2016) p.36
43. 같은 책, p.76
44. 트럼프, 불구가 된 미국 (2016) p.53
45. 같은 책, p.148

마오쩌둥

1. Harrison Salisbury, 중국의 새로운 황제들 (2007) pp.32~37
2. 龔育之 逄先知 외, 毛澤東的讀書生活, 마오의 독서생활 (2011) p.30
3. 허권수, "국가지도자와 독서-중국 국가주석 毛澤東의 경우" (국립대학도서관보 제33집) p.15
4. Edgar Snow, 중국의 붉은 별 (2017) p.162, pp.165~166
5. Ross Terrill, 마오쩌둥 평전 (2008) pp.58~59
6. Edgar Snow (2017) p.182
7. 같은 책, p.172

8. 陳晉, 마오쩌둥의 독서일기 (2018) p.45

9. Edgar Snow (2017) p.184

10. Alexander Pantsov, 마오쩌둥 평전 (2017) p.78

11. Edgar Snow (2017) p.192

12. Edgar Snow, 毛澤東自傳(2001) p.93

13. 龔育之 逄先知 외, 마오의 독서생활 (2011) pp.26~27

14. 원문은 "盡信書 則不如無書", 〈孟子〉 '盡心' 下

15. 龔育之 (2011) pp.239~240

16. 陳晉 (2018) p.41

17. 龔育之 (2011) p.163

18. Alexander Pantsov (2017) pp.70~71

19. Edgar Snow (2017) p.190

20. Edgar Snow (2001) p.53

21. Harrison Salisbury (2007) pp.229~230

22. 毛澤東, "징강산 투쟁(1928년 11월 25일) 모택동선집1 p.84

23. 毛澤東, "중국 혁명전쟁의 전략문제" (1936년 12월) 모택동선집1 pp.235~237

24. 毛澤東, "한 점의 불꽃도 들판을 태울 수 있다 (1930년 1월), 모택동선집1 p.135

25. 毛澤東, 같은 논문 (1930년 1월) pp.140~141

26. 김상협, 모택동 사상 (1975) p.53

27. 毛澤東, "당 내의 그릇된 사상을 시정하는 문제에 대하여(1929년 12월)" 모택동선집1 p.120

28. 1947년 10월 10일자로 된 중국인민해방군총사령부 지시에 등장한 팔항주의(八項注意)는 다음과 같다. 1. 상냥하게 말할 것(說話和氣) 2. 매매를 공평하게 할 것(買賣公平) 3. 빌려온 것은 반드시 돌려줄 것(借東西要還) 4. 파손한 것은 반드시 배상할 것(損壞東西要賠) 5. 구타나 욕설을 하지 않을 것(不打人罵人) 6. 농작물을 망치지 말 것(不損壞庄稼) 7. 부녀자를 희롱하지 말 것(不調婦女) 8. 포로를 학대하지 말 것(不虐待 虜)

29. 毛澤東, "지구전을 논함", 모택동선집2 p.209

30. Harrison Salisbury (2007) p.127

31. 毛澤東, "중국 혁명전쟁의 전략문제", 모택동선집1 pp.229~230

32. 송병락, 전략의 신 (2015) p.169. 마오쩌둥 생존시 그를 다섯 차례 만났던 헨리 키신저 전 미국 국무장관은 "마오쩌둥이야말로 손자(孫子)의 충실한 제자"라고

했다. Henry Kissinger, On China, 헨리 키신저의 중국 이야기 (2012) p.185

33. 毛澤東, "지구전을 논함" p.184

34. Harrison Salisbury (2007), pp.100~101

35. 宮玉振, 손자, 이기는 경영을 말하다 (2011) p.152

36. 왕전위, 마오 주석과 함께한 내 인생의 날들 (2013) p.104, 106

37. 같은 책, p.190

38. Robert Payne, Portrait of A Revolutionary : Mao Tse-tung(1961) p.152

39. 대표적으로 遠藤譽, 모택동 인민의 배신자 (2019)

리카싱

1. "'해맑은 財神' 아시아 최고 부자, 리카싱 청쿵그룹회장 단독 인터뷰" 조선일보 (2006.10.27)

2. "Hong Kong's Richest Man Isn't Worried About the Survival of His $80 Billion Empire" Bloomberg (2016.6.29)

3. "李嘉誠的另一個世界" Asian Business Leaders (October, 2006) p.64

4. 王峰, 李嘉誠白手起家的八字箴言, 그는 어떻게 아시아 최고의 부자가 되었을까 (2005) p.57

5. "年逾77身體fit 早餐胃口佳" 香港 文匯報 (2005.9.15)

6. 조선일보 (2006.10.27)

7. "리카싱 '90년 불패 경영', 王道는 없다" 조선일보 (2018.4.9)

8. "Hong Kong Billionaire Li Ka-Shing : An In-Depth Interview" Bloomberg (2016.6.30)

9. "Thoughts of Li Ka-Shing" The Forbes (2006.12.29)

10. Bloomberg (2016.6.30)

11. 王峰 (2005) p.74

12. 馬馳, 리자청의 商略 36계 (2004) pp.310~311

13. "Breaking the mould" The Financial Times (2007.10.27)

14. Bloomberg (2016.6.30)

15. 조선일보 (2006.10.27)

16. "李嘉誠析核心價值" 香港 文匯報 (2004.6.29)

17. 呂叔春, 李嘉誠一生三論 : 論謀事 論經商 論作人 (2007) pp.102~108

주석&참고문헌 **253**

18. "Canning Fok" in Wikipedia
19. 李忠實, 李嘉誠 經商自白書, 리자청에게 배우는 기업가 정신 (2005) pp.202~203
20. 방현철, 부자들의 자녀 교육 (2007) p.256
21. 삼성경제연구소, 리더의 인생 수업-위대한 리더를 만든 20가지 힘 (2012) pp.121~123
22. 홍하상, 商神 리자청 (2004) p.219

보구엔 지압

이순신

1. 柳成龍, 징비록 (1973) p.272
2. 김준배, '메이지 시기 해군장교의 저술 속 이순신', 國防部軍史編纂研究所 (2018. 6. 15) p.91
3. 李舜臣, '唐浦破倭兵狀', 壬辰狀草 (2018) p.769
4. 宣祖修正實錄, 선조 30년 2월 1일
5. 李舜臣, 교감완역 난중일기 (2010) p.372
6. 柳成龍, 징비록 (1973) p.285
7. 李忠武公行錄 (2018) pp.1107~1108
8. 새뮤얼 스마일스, 인생을 최고로 사는 지혜 (1990) pp.205~206
9. 柳成龍, 징비록 (1973) p.285
10. 李忠武公行錄 (2018) pp.1136~1137
11. 李舜臣, 난중일기 (2010) p.115
12. 같은 책, p.1110
13. 같은 책, p.1119
14. 柳成龍, 징비록 (1973) pp.287~288
15. 李舜臣, 난중일기 (2010) p.149
16. 李舜臣, 壬辰狀草 (2018) p.732
17. 같은 책, p.426
18. 李忠武公行錄 (2018) p.1148
19. 주간조선 (2014. 3. 10)
20. 李舜臣, 난중일기 (2010) p.353

21. 李忠武公行錄 (2018) p.1113

22. 1597년 9월 15일자, 李舜臣, 난중일기 (2010) p.416

23. 李恒福, 故統制使 李忠武公遺事

24. 李忠武公行錄 (2018) p.1165

25. 같은 책, p.1121

26. 李舜臣, 난중일기 (2010) p.416

27. 柳成龍, 징비록 (1973) p.251

28. 李忠武公行錄 (2018) p.1122

29. 노승석, 이순신의 리더십 (2014) p.85

30. 李忠武公行錄 (2018) p.1138

31. 1594년 4월 6일자, 李舜臣, 난중일기 (2010) p.170

32. 박종평, 그는 어떻게 이순신이 되었나 (2011) p.239

33. "중[僧]들이 소문을 듣고 즐겁게 모여들어 한 달 이내에 400여 명에나 이르렀습니다." 이은상 완역, 李忠武公全書 卷3 (1983) p.102

34. 李舜臣, 난중일기 (2010) p.250

35. 李忠武公行錄 (2018) p.1141

36. 민계식 외, 임진왜란과 거북선 (2017) p.24

37. 같은 책, pp.130~132

38. 李舜臣, 난중일기 (2010) p.219

39. 같은 책, p.60

40. 박종평 (2011) pp.377~379

41. 李舜臣, 난중일기 (2010) p.417

42. 이봉수, 천문과 지리 전략가 이순신 (2018) p.134

43. 임원빈, 이순신 병법을 논하다 (2005) pp.168~169, pp.292~293

44. 李舜臣, 난중일기 (2010) p.416

45. 이순신과 임진왜란1, 이순신 역사연구회 (2005) p.75

46. 李舜臣, 난중일기 (2010) p.68

47. 같은 책, p.418

48. 李舜臣, '赴援慶尙道狀', 壬辰狀草 (2018) p.741, 743

49. 李舜臣, 난중일기 (2010) pp.145~146

50. 신채호, 조선 위인전 (1997) pp.121~122

정주영

1. 박정웅, 이봐 해봤어? (2015) pp.169~172
2. 이병철, 湖巖自傳 (2014) pp.42~44
3. "60 Years of Asian Heroes" TIME (2006. 11. 13)
4. "5년 전 이어…정주영 회장, 한국인이 가장 존경하는 부자" 문화일보 (2019. 7. 24)
5. 정주영, 시련은 있어도 실패는 없다 (2009) iii
6. 정주영, 이 땅에 태어나서 (2019) p.35
7. 엄광용, 정주영의 성공 손자병법 (1998) pp.266~267
8. 정주영 (2019) p.42
9. 같은 책, p.158
10. 같은 책, p.406
11. 같은 책, pp.275~276
12. 정주영 (2009) p.320
13. 허영섭, 영원한 도전자 정주영 (2015) p.346
14. 박상하, 이기는 정주영 지지 않는 이병철 (2011) pp.171~172
15. 정주영 (2019) p.183
16. 같은 책, p.54
17. 박정웅 (2015) pp.326~328
18. 같은 책, pp.302~303
19. 정주영 (2019) p.54
20. 같은 책, p.416
21. 한국CCO클럽 편, 한국 경제를 만든 이 순간 (2018) p.70
22. 고정일, 위대한 창업자들 (2017) p.160
23. 정주영 (2009) p.234
24. 같은 책, p.74, 199
25. 같은 책, pp.208~209
26. 박정웅 (2015) pp.101~102
27. 정주영 (2019) p.403
28. 같은 책, p.404
29. 엄광용 (1998) pp.73~74
30. 허영섭 (2015) p.361

31. 아산 정주영과 나 편찬위원회, 아산 정주영과 나 (1997) pp.339~341
32. 김진수, 경영의 신 정주영 vs. 마쓰시타 (2017) 참조
33. 허영섭 (2015) p.392

참고문헌

손정의

- 손정의, 미래를 말하다-소프트뱅크 신30년 비전 (소프트뱅크커머스, 2011)
- 손정의, 나는 거대한 꿈을 꿨다-소프트뱅크 공인 손정의 평전 (중앙m&b, 2012)
- 손정의, 손정의의 '자기가 원하는 인생' 특강, 지금 너에게 가장 필요한 것은-소프트뱅크 신규 채용 라이브 편찬위원회 엮음 (마리북스, 2013)
- 스기모토 다카시, 孫正義 三百年王國の野望, 손정의 300년 왕국의 야망 (서울문화사, 2018)
- 시마 사토시, 孫正義の參謀, 손정의 참모 (스타리치북스, 2016)
- 오시타 에이지, 孫正義 祕錄, 선행 투자의 귀재! 손정의 비록 (성안당, 2015)
- 이타가키 에이켄, 孫の二乘の法則, 손정의 제곱법칙 (한국경제신문, 2015)
- 이상민, 손정의처럼 생각하고 승리하라 (메이트북스, 2018)
- 三木雄信, 孫正義「リスク」を「成功」に変える28のルール (KADOKAWA, 2014)
- 松本幸夫, 坂本龍馬になりたかった男 : 信念の人 孫正義の半生 (綜合法令出版, 2000)
- SoftBank Group Annual Report 2019
- "退任撤回, ARM 買收, 孫正義 '本音を話そう'" 日經ビジネス (2016. 8. 8~8. 15 합병호)
- "孫正義氏の渇望と後悔" 日經ビジネス (2019. 10. 7)
- "앞으로 30년, 200조원짜리 꿈… '컴퓨터 超지성 시대'를 준비하다" 조선일보 (2017. 12. 30)

트럼프

- Donald Trump, The Art of the Deal, 거래의 기술 (살림, 2016)
- Donald Trump, The Way to the Top : The Best Business Advice I Ever Received, 정상으로 가는 길 (황금가지, 2004)
- Donald Trump, How to Get Rich, 트럼프의 부자되는 법 (김영사, 2004)
- Donald Trump, TRUMP 101 : The Way to Success, CEO 트럼프 성공을 품다 (베가북스, 2007)
- Donald Trump, Think like a Champion, 최선을 다한다 하지 말고 반드시 해내겠다 말하라 (중앙books, 2010)
- Donald Trump, Think Big and Kick Ass in Business and Life, 빅씽킹 (서울문화사, 2016)
- Donald Trump, Crippled America : How to Make America Great Again, 불구가 된 미국 (이레미디어, 2016)
- Donald Trump, Time to Get Tough, 트럼프, 강한 미국을 꿈꾸다 (미래의 창, 2017)
- 金成隆一, 르포 트럼프 왕국—어째서 트럼프인가 (AK커뮤니케이션즈, 2017)
- 김창준, 트럼프 대통령에 대비하라 (라온북, 2016)
- 안세영, 도널드 트럼프와 어떻게 협상할 것인가 (한국경제신문, 2017)
- Aron James, Assholes : A Theory of Donald Trump, 또라이 트럼프 (한국경제신문, 2016)
- Bandy X. Lee et al., eds., The Dangerous Case of Donald Trump, 도널드 트럼프라는 위험한 사례 (푸른숲, 2017)
- Bob Woodward, FEAR : Trump in the White House (Simon & Schuster, 2018)
- George Ross, Trump Style Negotiation, 트럼프처럼 협상하라 (에버리치홀딩스, 2018)
- Michael Wolff, Fire and Fury, 화염과 분노 (은행나무, 2018)
- "2016 Person of the Year : Donald Trump" TIME (2016. 12. 7)
- "How Trump Reshaped the Presidency in Over 11,000 Tweets" The New York Times (2019. 11. 2)

마오쩌둥

- 毛澤東, 毛澤東選集1, 2, 3, 4 (범우사, 2002)
- 김상협, 毛澤東 思想 (일조각, 1975)
- 송병락, 전략의 신 (쌤앤파커스, 2015)
- 왕전위, 마오 주석과 함께한 내 인생의 날들—마오쩌둥을 곁에서 겪은 106인의 회상 (책으로 보는 세상, 2013)
- 宮玉振, 손자, 이기는 경영을 말하다 (와이즈베리, 2010)
- 龔育之 逢先知 외, 毛澤東的讀書生活, 마오의 독서생활 (글항아리, 2011)
- 野慶裕-張暉, 孫子兵法 毛澤東智源, 마오쩌둥, 손자에게 길을 묻다 (홍익출판사, 2004)
- 遠藤譽, 모택동 인민의 배신자—모택동은 왜 일본군의 진공에 감사했나 (타임라인, 2019)
- 陳晉, 毛澤東的讀書日記, 마오쩌둥의 독서일기 (경지출판사, 2018)
- Alexander Pantsov, Steven Levine, MAO : The Real Story, 마오쩌둥 평전 (민음사, 2017)
- Edgar Snow, 毛澤東自傳 (평민사, 2001)
- Edgar Snow, Red Star over China, 중국의 붉은 별 (두레, 2017)
- Harrison Salisbury, The New Emperors, 중국의 새로운 황제들 (다섯수레, 2007)
- Henry Kissinger, On China, 헨리 키신저의 중국 이야기 (민음사, 2012)
- Philip Short, Mao : The Man Who Made China, 마오쩌둥1, 2 (교양인, 2019)
- Robert Payne, Portrait of A Revolutionary : Mao Tse-tung (Abelard-Schuman, 1961)
- Ross Terrill, Mao : A Biography, 마오쩌둥 평전 (이룸, 2008)

리카싱

- 馬馳, 리자청의 商略 36계 (다락원, 2004)
- 王峰, 李嘉誠白手起家的八字箴言, 그는 어떻게 아시아 최고의 부자가 되었을까 (아인북스, 2005)
- 李忠實, 李嘉誠 經商自白書, 리자청에게 배우는 기업가 정신 (럭스미디어, 2005)
- 呂叔春, 李嘉誠一生三論 : 論謀事 論經商 論作人 (中國長安出版社, 2007)

- 방현철, 부자들의 자녀 교육 (이콘, 2007)
- 삼성경제연구소, 리더의 인생 수업-위대한 리더를 만든 20가지 힘 (삼성경제연구소, 2012)
- 홍하상, 商神 리자청 (랜덤하우스중앙, 2004)
- "'해맑은 財神' 아시아 최고 부자, 리카싱 청쿵그룹회장 단독 인터뷰" 조선일보 (2006. 10. 27)
- "리카싱 '90년 불패 경영', 王道는 없다" 조선일보 (2018. 4. 9)
- "Hong Kong's Richest Man Isn't Worried About the Survival of His $80 Billion Empire" Bloomberg (2016. 6. 29)
- "Hong Kong Billionaire Li Ka-Shing : An In-Depth Interview" Bloomberg (2016. 6. 30)
- "Who is Li Ka-Shing? Hong Kong's richest man is called the Warren Buffet of Asia" CNBC (2018. 3. 16)
- "Asia's Superman swoops again", The Economist (2002. 8. 15)
- "Breaking the mould" The Financial Times (2007. 10. 27)
- "Thoughts of Li Ka-Shing" The Forbes (2006. 12. 29)
- "Li Ka-Shing Opens Up About His Early Years" The Forbes (2010. 5. 10)
- "The Miracle of Asia's Richest Man" The Forbes (2010. 10. 24)
- "The Revolution of Chairman Li" The Wall Street Journal (2007. 11. 2)
- The Wikipedia
- "你所不知道的李超人" Global Entreprenuer (October, 2006)
- "李嘉誠的另一個世界" Asian Business Leaders(October, 2006)
- "李嘉誠析核心價值" 香港 文匯報 (2004. 6. 29)
- "年逾77身體fit 早餐胃口佳" 香港 文匯報 (2005. 9. 15)

보구엔 지압

- 보구엔지압, 인민의 전쟁 인민의 군대 (백두, 1988)
- 오정환, 베트남-중국 천년전쟁 (종문화사, 2017)
- 이병주, 3不 전략 (가디언, 2010)
- Gerard Le Quang, ボーグエンザップ : ベトナム 人民戰爭の 戰略家 (サイマル出版會, 1975)

- Jeremy Black, Great military leaders and their campaigns 역사를 바꾼 위대한 장군들 (21세기북스, 2009)
- "지압 장군 100번째 생일" 주간조선 (2010. 9. 6)
- "살아있는 '20세기 최고의 명장' 보구엔 지압" 중앙일보 (2011. 3. 7)
- "武元甲, 오늘의 베트남 있게 한 전쟁 영웅" 중앙일보 (2011. 8. 27)
- "종전 30돌 기념 특별 인터뷰―베트남군 전 총사령관 보응웬잡 장군" 한겨레21 (2005. 4. 29)
- PBS Online, "Interview with Vo Nguyen Giap, Viet Minh Commander", https://www.pbs.org/wgbh/peoplescentury/episodes/guerrillawars/giaptranscript.html
- "Interview : Vo Nguyen Giap : The Man Who Led the Tet Offensive Now Talks of U.S.―Vietnam Trade" The Los Angeles Times (1994. 1. 9)
- "Vo Nguyen Giap" The Wikipedia
- "Gen. Vo Nguyen Giap, Who Ousted U.S. From Vietnam, Is Dead" The New York Times (2013. 10. 4)
- "Vietnamese general behind victories over French and US dies aged 102" The Guardian (2013. 10. 4)
- "Vo Nguyen Giap, who drove both the French and the Americans out of Vietnam, died on October 4th, aged 102" The Economist (2013. 10. 12)

이순신

- 李舜臣 씀, 노승석 옮김, 교감완역 난중일기 (민음사, 2010)
- 李舜臣 씀, 박종평 옮김, 壬辰狀草 (글항아리, 2018)
- 李芬 씀, 박종평 옮김, 李忠武公行錄 (글항아리, 2018)
- 柳成龍 씀, 남만성 옮김, 징비록 (현암사, 1973)
- 이순신 역사연구회, 이순신과 임진왜란 1, 2, 3, 4 (비봉출판사, 2005)
- 박기봉 편역, (충무공) 이순신 전서 (비봉출판사, 2006)
- 이은상 옮김, 완역 李忠武公全書 (성문각, 1989)
- 김종대, 이순신, 신은 이미 준비를 마치었나이다 (시루, 2016)
- 노승석, 이순신의 리더십 (여해고전연구소, 2014)
- 민계식 외, 임진왜란과 거북선 (행복한에너지, 2017)

- 박종평, 그는 어떻게 이순신이 되었나 (스타북스, 2011)
- 신채호, 조선 위인전 (범우사, 1997)
- 이봉수, 천문과 지리 전략가 이순신 (시루, 2018)
- 임원빈, 이순신 병법을 논하다 (신서원, 2005)

정주영

- 정주영, 이 아침에도 설레임을 안고 (삼성출판사, 1986)
- 정주영, 성공시대 (국제문화출판공사, 1989)
- 정주영, 시련은 있어도 실패는 없다 (제삼기획, 2009)
- 정주영, 이 땅에 태어나서-나의 살아온 이야기 (솔출판사, 2019)
- Chung Ju-yung, Born of This Land My Life Story (Asan Academy, 2019)
- 고정일, 위대한 창업자들 (조선뉴스프레스, 2017)
- 김진수, 경영의 신 정주영 vs. 마쓰시타 (북오션, 2017)
- 박상하, 이기는 정주영 지지않는 이병철 (무한, 2011)
- 박정웅, 이봐 해봤어? (FKI미디어, 2015)
- 아산 정주영과 나 편찬위원회, 아산 정주영과 나 (백인문집, 1997)
- 이병철, 湖巖自傳 (나남, 2014)
- 엄광용, 정주영의 성공 손자병법 (해냄, 1998)
- 한국CCO클럽 편, 한국 경제를 만든 이 순간 (더 벨, 2018)
- 허영섭, 영원한 도전자 정주영 (나남, 2015)

세상을 바꾼 7인의 자기혁신노트

지은이 | 송의달
펴낸이 | 박영발
펴낸곳 | W미디어
등록 | 제2005-000030호
1쇄 발행 | 2020년 1월 17일
주소 | 서울 양천구 목동서로 77 현대월드타워 1905호
전화 | 02-6678-0708
e-메일 | wmedia@naver.com

ISBN 979-11-89172-29-9 03300

• 이 책은 관훈클럽정신영기금의 도움을 받아 저술·출판되었습니다.